BUSINESS RESEARCH METHODS OF PROFESSIONAL CONSULTANTS

外資系コンサルのリサーチ技法

事象を観察し本質を見抜くスキル

［第2版］

アクセンチュア 消費財・サービス業界グループ 著
上原 優 編著

東洋経済新報社

はじめに

リサーチスキルとは何か？

読者の皆さんは、「リサーチ」という言葉を、どう捉えているでしょうか。たとえば、下記のような状況に置かれた方は多いでしょう。

- 「顧客が何を求めているか？」を把握するために「よく顧客の声を聞くべきだ」、というのは理解できるが、何をどうやって調べたらいいかわからない
- 「○○業界（○○市場）について整理して報告せよ」と経営陣から求められているが、何をどうやって調べたらいいかわからない
- 「他社の取組み事例について研究」する必要があるのだが、何をどうやって調べたらいいかわからない

いろいろネットで検索してみたり、書籍を購入して読んでみたりするものの、結局うまく整理ができない。そんな経験はないでしょうか。私が駆け出しのコンサルタントのときは、まさにそういう状況でした。それは必要最低限の「調べるワザ」、つまり「リサーチスキル（技法）」が身に付いていなかったからです。

リサーチスキルは、ビジネスパーソンにとって重要なスキルです。ビジネスパーソンのスキルを、「『インプット』→『プロセス』→『アウトプット』」の3つに分解して、このことを考えたいと思います（3つのステップは相互に絡み合っていますので、単純に切り分けることは難しいのですが、あえて切り分けて考えてみます）。

まず最終工程「アウトプット」から遡って考えてみましょう。「資料作成」のスキルなどが、「アウトプット」スキルにあたります。ここでは、「いかに思考の結果をわかりやすく、スピーディーに『アウトプット』していくか」が求められます。ビジネスの現場において合意形成／意思決定を円滑に進めるためには、この最後のステップは非常に重要です。

次に、「プロセス」を見てみましょう。このステップで求められるのは「ロジカル・シンキング」「クリティカル・シンキング」などのスキルであり、これらのスキルを駆使するためには、問題を解決するための頭の使い方や考える技法を磨いておく必要があります。

そして「インプット」のステップ。ここは、「どんな『アウトプット』を出すか？」「何をどうやって考えるか？（＝『プロセス』）」という2つのステップの前提となる情報を集め、調べるステップです。必要な情報を、どう集めて、どう整理して、どう加工して、意味あるものに昇華するか。この「インプット」のステップで問われていることはそういうことであり、この力を高めることが、本書のテーマである「リサーチ」スキルの向上に他なりません。

なぜ今、リサーチスキルなのか？

では、なぜ今「リサーチ」のスキルを高めなければいけないのでしょうか。

一番大きな理由は、「デジタリゼーション」による環境変化のトレンドです。テクノロジーの非連続な進化により、あらゆるビジネスがデジタルな世界で行われる時代を迎えつつあります。顧客や消費者の動きが大きく変わり、既存のビジネスの前提が大きく覆っています。そのような時代にあっては、常に新しい技術や顧客・消費者の動向にアンテナを張り、顕在ニーズを満たし続け、潜在ニーズを掘り起こし続けなければ、あっという間に競争劣位になってしまいます。そうならないためにも、常に新しいことを「リサーチ」し続け、自社のビジネスに活かすサイクルを自分のものにしなければならないのです。

もう一つの理由は、「グローバリゼーション」です。グローバリゼーションの加速により、企業の競争・注力領域は、これからますます変化し続けることになります。自社にとってのターゲット市場・顧客も大きく変わります。ということは、未だ経験したことのない市場について、どう攻めるかを「リサーチ」し続けなければならないのです。

また、ライバル企業もグローバルレベルで出現してきており、ライバル企業の研究も「見えている」企業だけではなく、「見えない」ライバルをどう捉え、「何を攻略するか」「何を見倣うか」を「リサーチ」しなければなりません。

さらに、ビジネスの舞台がグローバルに広がる中、不確実性への対処も、これまで以上に正面から取り組まなければならないでしょう。新しいエリア・事業に取り組む際に発生するリスクについて、できる限り極小化するために「リサーチ」し続ける必要があります。

デジタル時代のリサーチの意義

私たちは、検索という行為によって知りたい情報に瞬時にアクセスできるデジタルな世界にいます。いまや小学生の夏休みの自由研究から大学生の論文まで調べたいことはキーワード検索をすれば数秒で手に入ります。YouTubeには「見つからないカンニングのやり方」まで動画でシェアされる時代です。

そしてこのことは、ビジネスの現場でも散見されます。上司から「調べておいて」と言われて提出したレポートが、インターネット検索の結果をコピー＆ペーストしただけのものに過ぎない。このような、インターネット検索の結果をビジネスの意思決定のインプットにしようとする思考停止病が蔓延しているとも言えます。

誤解されがちなのですが、リサーチとは、単なる情報収集のことではありません。ビジネスの意思決定を後押しするインサイト（＝洞察）を抽出する行為です。補足すれば、「物事を観察して、その本質や奥底にあるものを見抜くこと」です。

そもそも、たとえインターネットで検索しても、ビジネスにおける重要な意思決定に直接的に寄与する情報が一発で入手できることはほぼ皆無。それでも何とか、断片的な情報を意思決定に寄与する情報にまとめ上げるためには、情報を整理・加工する力が必要となります。競争優位に繋がるインサイトは、普通に調べて出てくるものではありません。インサイトを得るためには、考え続けながら情報を加工していくことが求められるのです。

そして最後に、リサーチした情報の読み解き方（意味合いの抽出）も大事です。この読み解き方には、その人の思考の深さが問われます。リサーチした結果を表層的に理解するのではなく、背後にある意味合いを考え続けなければなりません。

つまりリサーチは、“考える”作業そのものといえます。何を考えるべきかを考えながらリサーチして、リサーチして得た結果を見てまた考え、足りないことをリサーチし、その結果の意味合いを考え抜く。これがビジネスの意思決定に繋がるインサイトを抽出することであり、リサーチの本来の価値です。リサーチすることは思考することそのものであり、情報をただ集めるだけの作業になった瞬間、それは価値がない行為だと言えるでしょう。

本書の目的

本書は、経営コンサルタントが日々活用しているリサーチの手法やテクニックをご紹介し、ビジネスパーソンのリサーチスキルの向上に寄与したいとの思いで書いたものです。

私たちがアクセスできる情報量は飛躍的に増加し続けていますが、同時に、溢れかえる情報から意思決定に寄与するインサイトを抽出するスキルの重要性もさらに増しています。誰でも一定の情報に簡単にアクセスできるからこそ、そこから何が言えるのか、どう人や組織を動かしていくインサイトへ昇華できるのか、が情報を平等に手にする者の中での意思決定の差別化要素であり、引き続きビジネスパーソンにとって習得し磨いていくニーズが高いスキルです。第1版を刊行した2015年10月から約7年が経ちますが、幾度かの重版を経て、未だに手に取っていただいている事実が、リサーチスキルの基本的・汎用的な重要さを物語っていると感じます。
一方で、この間に入手可能なデータの増加で新たに捉えることが可能になった事柄や、テクノロジーの進歩により、新たに一般的になったリサーチ技法も出てきました。また、本文中で紹介している調査ツール等も進化していたり新たに出てきたりするものもあったため、これらの変化・修正を取り込み、令和の時代の増補改訂版として再びお届けするものです。
改訂にあたっては、初版の編著者である宮尾大志さん、共著メンバーである小中洋平さん、畠山博登さん、杉山琢哉さんらの肩の上に乗らせていただいていることは言うまでもありませんが、新たに書き加えた技法やコラムでは、アクセンチュアの同僚である木時直さん、水草亜友さん、上田智也さん、見戸清訓さんの知見をお借りしました。この場を借りて感謝申し上げます。

本書の構成

本書は、第1章「リサーチの基本的な流れ」、第2章「10のリサーチ技法①『情報をさがす編』」、第3章「10のリサーチ技法②『情報をつくる編』」、第4章「リサーチのケーススタディ」、第5章「“リサーチ脳”を鍛える『抽象化思考』」の5章構成となっています。
第1章「リサーチの基本的な流れ」では、どのようなタイプのリサーチ業務においても共通の土台となる、リサーチを進める上で大事なポイント、作業計画の立て方について解説してあります。本内容は弊社におけるジュニアコンサルタント育成用のトレーニングの基礎的な内容を元になるべくわかりやすく解説することを心がけました。
第2章・第3章の「10のリサーチ技法」では、絶対に習得しておくべき基本技法について解説しています。各リサーチ技法の目的・使い方・テクニック・作業上の注意点等についてなるべく具体的に解説するよう心がけました。本章では、ビジネスパーソンなら誰でも行うであろうWeb検索や書籍・文献検索等の技法から、マーケティング・リサーチ部門の方々が専門的に行う消費者アンケートやソーシャルリスニング等について触れています。本改訂版では、第1版で取り上げた技法やリサーチに挑む上での普遍的な心がけやテクニックはそのままに、近年有用性を増している技法を追加しています。

第4章「リサーチのケーススタディ」では、実際のビジネスの現場で想定されるシーンを7つ設定し、各シーンにおいて10の技法がどのように活かされるかを意識しながら解説しています。初版で取り上げたケースの中には、ファクトデータが少し古くなってきたものもありますが、リサーチの実行プロセスの解説としての価値には影響しないと考え、そのままにしています。

第5章「“リサーチ脳”を鍛える『抽象化思考』」は今回の改訂版で新たに追加した章で、コンサルタントが実際のプロジェクトワークの中でリサーチ結果を活用する際に気を付けていることや考えていることを解説しています。特定のリサーチ技法に関するものではなく、リサーチを実施する上でのいわばコンピューターのOSとでも呼ぶべき頭の使い方に関する章です。今後テクノロジーの進化等で従来掴めなかったファクトがどんどん掴めるようになるはずですが、そのような新しいファクトデータに対して向き合う際にも指針となると考え書き起こしました。

今こそ本当に必要なビジネスリサーチ力を身に付けよ

ビジネスリサーチ力は、これまで一部の企画部門やマーケティング部門の業務という位置づけであり、多くのビジネスパーソンはあまり意識してこなかったビジネススキルかもしれません。

しかし、今後のビジネスの劇的な環境変化に鑑みると、そのスキルは全てのビジネスパーソンに必須のスキルの一つとなることは間違いありません。

本書は、弊社コンサルティング部門で長年培ったリサーチノウハウと消費財業界担当チームの各人の経験を組み合わせて、まとめたものです。本書執筆にあたり心がけたことは、通り一遍のリサーチテクニックの一般論を紹介することではなく、なるべくビジネスの現場で実践できるよう、読者の皆さんに一つでも多くのインサイトを提供することです。そのために、チームメンバーで議論を重ねてきました。

リサーチで最も大事なことは、純粋に“知りたい”という気持ちにしたがって、“楽しい”と思って取り組むことであると考えます。読者の“知りたい”・“楽しい”という気持ちが高まり、一つでも多くのインサイトを得ることに、本書が少しでも貢献することができれば幸いです。

アクセンチュア株式会社
ビジネス コンサルティング本部
コンサルティンググループ
マネジング・ディレクター
上原　優

CONTENTS

第1章

リサーチの基本的な流れ

ビジネスにおけるリサーチは、下記のように4つのステップで進めていきます。本章では、各ステップの具体的な進め方と成功のポイントを説明していきます。

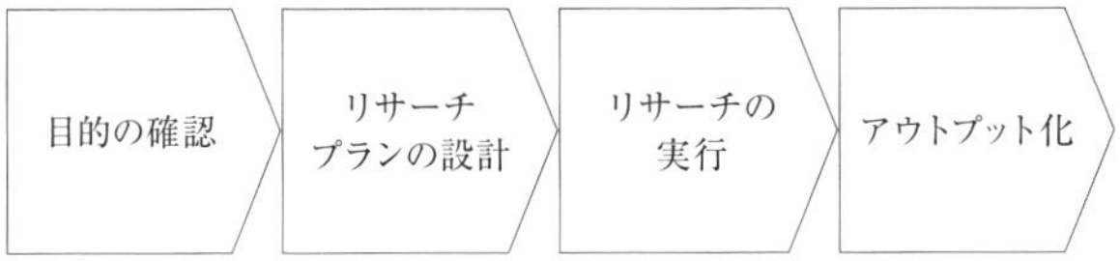

Point 1

ステップ①目的の確認

リサーチの目的を確認する

調べる（＝リサーチする）ということは、知らないこととの出会いであり、元来楽しいことです。しかし目的意識を持って調べないと、ただ漫然と時間が過ぎてしまいます。興味の赴くままにリサーチを進め、いざ結果をまとめるタイミングになって「いろいろ知識は溜まったけれど、肝心のことがよくわからない」という事態に陥ってしまっている人を、数多く目にしてきました。

同じ過ちを繰り返さないためにも、リサーチをする際には必ず「一体何のために今のリサーチをしているのか」という目的意識を常に持ってリサーチを進めなくてはなりません。

そしてリサーチの目的は、図表1－1の3つの視点から確認するようにしてください。そうすることで、リサーチの広さ・深さを適切に保つことができるようになります。

図表1−1　リサーチの目的を確認する3つの視点

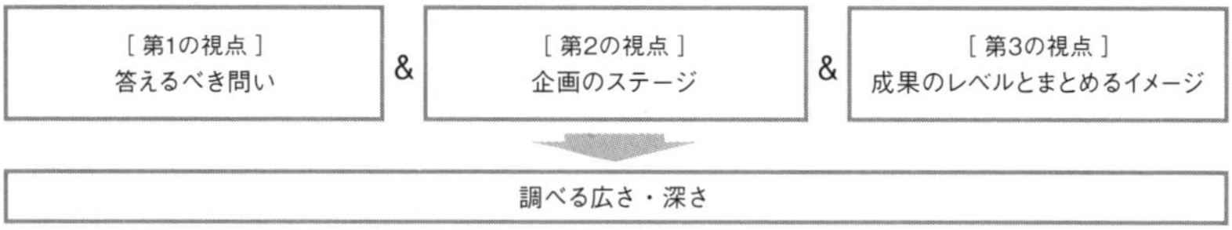

アクセンチュア作成

第1の視点：答えるべき問い

リサーチをする際には、「何を知りたいか」を考える前に、「そもそも、どんな課題を解決したいのか」という「答えるべき問い」をはっきりさせておくようにします。

たとえば、上司から「中国の飲食店市場を調べてくれ」という指示が来たとします。皆さんなら、どうするでしょうか。「とりあえず飲食店の業態や店舗数の変化などを調べてみようか」などと考えてはいけません。まずは、「中国の飲食店市場を知ることで、どんな課題を解決したいのか」「どんなアクションに結び付けたいのか」をはっきりさせることが必要です。

この場合、上司は、中国の飲食店経営に乗り出したいのでしょうか。それとも食材の新しい取引先を見つけたいのでしょうか。後者だとしたら、それはどんな食材なのでしょうか。あるいは、そもそもどんな食材だったらよいかまで含めて検討する必要があるのでしょうか。

「答えるべき問い」によってリサーチの内容は大きく変わってきます。可能な限り最初の段階で「答えるべき問い」を絞り込むことが、リサーチを成功させるポイントです。

第2の視点：企画のステージ

企画がどのステージにあるかによってもリサーチ内容は大きく変わってきます。担当している企画が、リサーチの3つの企画ステージ（図表1－2）のどこにあるかも、常に意識して臨むことが必要です。

図表1−2　企画のステージ

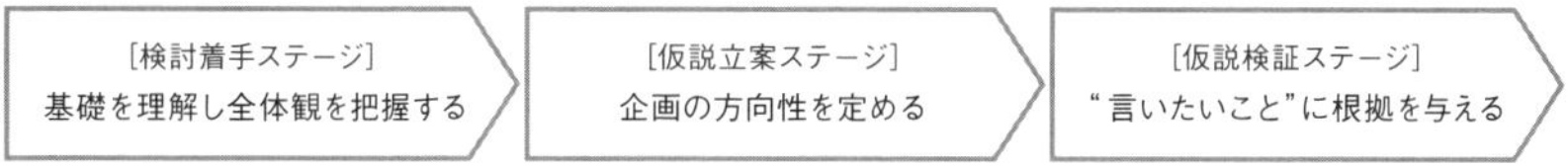

アクセンチュア作成

1）検討着手ステージ：基礎を理解し全体観を把握する

企画が検討着手のステージにある場合、リサーチは対象領域の基礎を理解するためと割りきって調べることが大事です。リサーチを効率的に終わらせたいがために、企画書に盛り込むような価値ある情報までこのステージで集めようとしてしまいがちですが、そうすると企画の検討が最初から停滞してしまいますので気をつけなくてはなりません。

このステージでのリサーチの目的は、以降の本格的なリサーチで得られるはずの情報を正しく解釈するための基礎知識を備えておくことです。したがって、たとえば業界本や企業ホームページ、有価証券報告書といったすぐ取得できるソースをざっと読み込む程度に留め、まずは全体観を把握する（＝“鳥の目”を持つ）ことを意識しましょう。

2）仮説立案ステージ：企画の方向性を定める

企画の方向性を定める仮説立案のステージでは、検討着手のステージより、もう一段階深いリサーチが必要です。

業界本や企業ホームページといった単独の表面的な情報に終わらせず、たとえば自社と他社を同じ項目で比較して数値の高低の傾向を見るなど、一工夫して深く調べるに足るポイントを絞ることが、このステージにおけるリサーチの目的と言えるでしょう。

ただし、気になるポイントが見えてきたからといって、すぐに次のリサーチにとりかかるのではなく、一旦立ち止まって考えてみることが大事です。深く知りたいことにピンポイントに答えてくれる情報が存在することは極めて稀で、ほとんどの情報は知りたいことに対して間接的、あるいは部分的な情報に過ぎません。したがって、自分なりの仮説を持ち、「その仮説が正しいか否か」という意識を持って情報を見ていかないと、有益な情報をピックアップできず、情報の海に溺れてしまいます。

たとえば、ある数字が自社よりも他社の方が高いと示された場合に、「それはなぜだろう」と考えて、「おそらくこうなんじゃないか」という自分なりの仮説を持った上で次のリサーチにとりかかるべきです。

3）仮説検証ステージ：“言いたいこと”に根拠を与える

このステージは、言いたいこと（仮説）に根拠を与える（検証）ステージです。もっとも、仮説を直接100%証明してくれる情報など基本的にはありませんので、いかに間接的、部分的な情報をかき集めて、これらを組み合わせるかを考えることが、このステージにおけるリサーチの目的です。

このステージのポイントは、いくら工夫しても100%の証明は不可能ですので、どのくらいの根拠を与えれば十分かを見極め、それ以外の要素をいかに割り切るか、という点。

どのくらいの根拠を与えれば仮説の検証として十分かを見極めることは、相当難易度が高い判断であり、結局は場数をこなすことでしかその判断力は身に付きません。しかし、以下の2点に留意しつつリサーチに臨むことで、精度を高め、習得のスピードを上げることはできます。

まず1つ目は、「情報は少なければ少ないほどよい」という考え方を持つこと。リサーチの結果を報告する際には、反論される怖さや、せっかく調べたことを伝えたいという想いから、つい多くの情報を盛り込んでしまいがちです。

しかし、リサーチの品質は、「いかに多くの情報を集めたか」ではなく、「報告相手にやってほしいこと、合意してほしいことを、いかに少ない情報で達成できたか」で判断されるべきもの。「情報は多ければ多いほどよい」という考え方は捨てましょう。

ぜひ心に留めておいていただきたいのは、「大抵の場合は思ったより少ない情報でなんとかなる」ということ。ビジネスは研究ではありませんので、あくまで人が動くために必要十分な情報と論理を提供すればよいというわけです。

2つ目は、「与えるべき根拠のレベルは、その企画を説得したい人次第で大きく変わる」という意識を持つこと。

たとえば、説得したい人がそもそも企画自体に前向きであれば、企画の魅力を中心にした根拠を示すだけでも成功する可能性が高いですし、一方、後ろ向きな人であれば、リスク面も含めた十分な根拠を準備する必要があります。それ以外にも、その人が自分の意見を信頼してくれているかどうか、理論派か感覚派かといったその人自身の思考特性によっても大きく変わるでしょう。

第3の視点：成果のレベルとまとめるイメージ

リサーチの目的の確認における3つ目の視点は、求められる「成果のレベルとまとめるイメージ」を持つよう心がける、ということ。

求められる「成果のレベル」は、スピード、精度、網羅性、の3つのバランスから見極めます（図表1－3）。たとえば、「検討着手」の基礎を理解するステージではスピードが最優先されます。「仮説検証」のステージで、そのリサーチ結果自体が企画書の大事なパートに盛り込まれる場合は、精度と

図表1−3　求められる成果のレベル

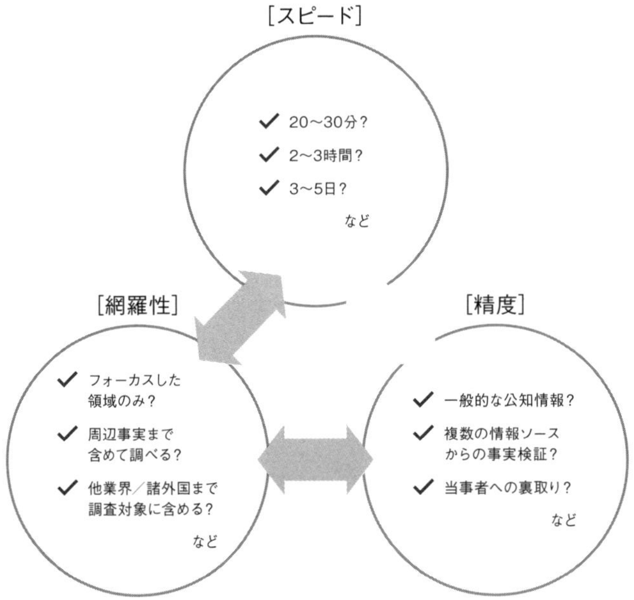

アクセンチュア作成

網羅性を重視してきっちり作り込むことが大事です。特に自分が企画チームの1メンバーであり、上司、あるいは同僚と連携してリサーチを進めなければいけない場合は、「求められる成果のレベル」の共通認識ができていないと、期待と異なるものを出してしまったり、無駄に時間を使ってしまったりします。

またその際には、なんとなく頭の中で3つのバランスをイメージするだけでは意味がありません。想定されるバランスを踏まえた具体的な「まとめるイメージ（絵柄）」を持つことで、はじめて関連メンバーとの認識のすり合わせができ、自分自身の今後の作業の具体的な指針ができます。

「まとめるイメージ」は、たとえば「ワードのメモ程度で済ませるものなのか」「エクセルやパワーポイントでしっかりまとめるものなのか」「しっかりまとめるといってもそのまま企画書に載せることを目指すものなのか、チーム内での共有のためのものなのか」といった概要レベルはもちろんのこと、「（グラフにする際に）縦軸と横軸でどんな項目が必要か」「それぞれの項目は必須なのか任意なのか」といった詳細レベルのことまで含みます。

そして、「それらをどのくらいの時間で済ませるか」まで決めておけば、スピード、精度、網羅性のバランスを見誤るリスクを最小限にすることができるでしょう。

Point 2

ステップ②
リサーチプランの設計

プランを2軸で可視化する

実際にリサーチに着手する前に、まずは「どんなソース（情報源）に、いつ、どの順番であたるか」という全体のプランを設計します。この設計は面倒なので、ついつい頭の中だけで済ませてしまいがちですが、少し時間を割いてプランを可視化しておくと、時間的に無理がある部分や、ソースの厚みを増すべき部分など、あらかじめリサーチの改善余地が見えてきますので、怠らないようにしましょう。

基本的にリサーチのプランは、「どんなソースにあたるか」「いつどの順番であたるか」という2軸で可視化することができます（図表1－4）。

図表1−4　リサーチプランを可視化する2軸

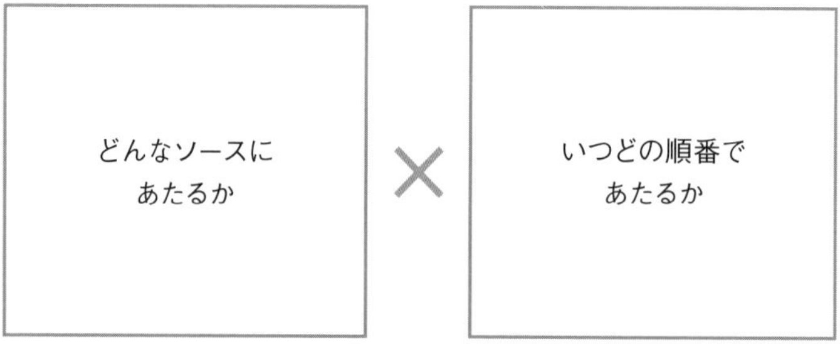

アクセンチュア作成

どんなソースにあたるか

先にご紹介した3つの視点でリサーチの目的をしっかり定めていけば、どのくらい広く・深く調べるべきかの方向性は定まります。これが定まれば、次は「具体的にどんなソースにあたるか」を決めます。

下記のように、調べる広さ・深さのタイプによって、適するリサーチ技法は異なります。さらに、各リサーチ技法それぞれにおいても、具体的なソースの種類は様々です（図表1－5）。

まずは、各技法を選び、そこからどんなソースにあたるかを決めるわけですが、これについては第2章と第3章で具体的に紹介することとします。

図表1–5　調べる広さ・深さとリサーチ技法の関係

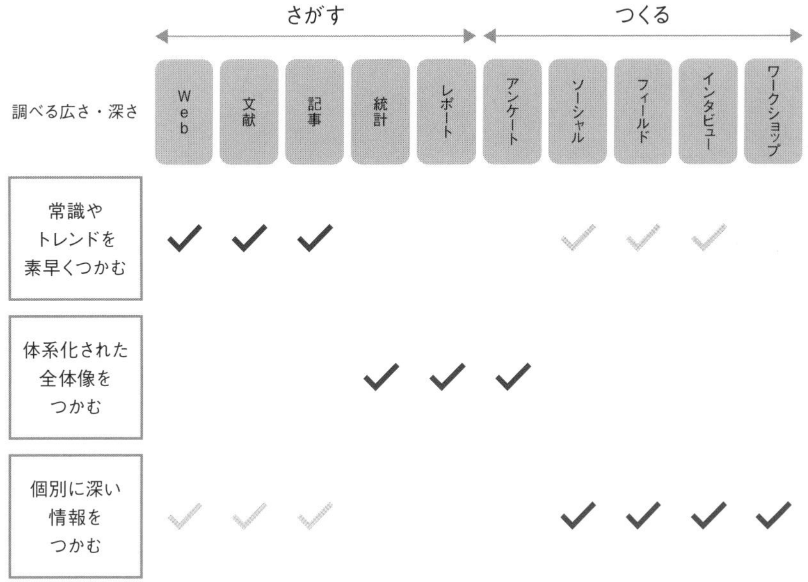

アクセンチュア作成

いつどの順番であたるか

リサーチプランの中でも「いつどの順番で（どんなソースに）あたるか」というプランを、ワークプランと呼びます（図表1－6）。ワークプランを決める上での留意ポイントは大きく3つあります。

図表1−6　ワークプランイメージ

		いつどの順番であたるか				
		1日目			2日目	
		午前	午後	帰り	午前	午後
どんなソースにあたるか	Web検索（無料情報）	Webでわかること／わからないことを明確化				
	記事検索		Webでわからない部分を追加で調べる			わかったことまとめ
	文献検索			関連本や、新刊雑誌で情報を探す		
	調査レポート		各有料レポートの概要と価格をとりまとめる	常識やトレンドを素早くつかむ		有料レポートでしかわからない部分を明確化、上司に購入相談
	インタビュー（社内）	上司紹介の社内有識者へアポ取り	質問項目作成		ヒアリング実施	議事メモ作成

アクセンチュア作成

1）まず周りに聞いてまわる

1つ目は、とにかく周囲の人に聞いてみる、ということ。欲しい情報が、意外と自社内に眠っていることは、私たちがコンサルティングを行う際にもよくあります。

たとえば、こんなことがありました。ある企業の本社企画部門が海外戦略を立案するために、ある国の流通構造（商品がメーカーから消費者に行き渡るまでにどんな卸や小売を介しているか、商品だけでなくお金、情報の流れも含めて）について、競合比較を実施しようとしていました。

当初その企業は、外部のソースを探索することを前提にリサーチのワークプランの検討を進めていましたが、現地に出向いて自社の駐在所の営業担当の方にヒアリングをすることで、知りたいことの大半がわかってしまったということがありました。

このケースでは、幸いにして駐在所があったので情報が入手できました。しかし、仮に自社の未展開エリアや事業であったとしても、そのエリアの出身者や別の企画部門で近しいことを検討したことがある人など、何かしら社内で有益な情報を持っている人はいるはずです。そして、直接知っている人に心あたりがなかったとしても、周囲に聞いてまわることで、知らなかった社内識者にたどり着くものです。

2）情報取得までのリードタイムを意識し並行で進める

2つ目のポイントは、ワークプランを設計するにあたっては、複数のソースに並行してあたることを心がけること。特に、欲しい情報が見つかるかどうか、実際に調べてみないとわからないケースでは、やってみて見つからなかったというリスクを減らすために、複数のソースに同時並行的にあたっておくことが重要です。

私たちが日頃行っているコンサルティング業務においても、納期に間に合わないリスクを回避するため、同じ調査を複数の調査会社に依頼することがあります。そこまでではなくとも、たとえばWeb検索と文献検索と有識者インタビューを並行して実施する、といったことは考慮しておくべきです。その結果、仮に欲しい情報が複数のソースから重複して得られたとしても、情報の信頼性が高まったということなので無駄にはなりません。

また、たとえばインタビューなどはアポイントを取ってから実施するまでリードタイムがあるので、その間に別ソースをあたるなど、効率的に時間を使うという意味でも複数のソースに並行してあたることは重要です。

3）仮説が外れた場合の対応策を考慮に入れる

3つ目は、リサーチを行う広さと効率のバランスを見極めること。これは、特に仮説検証のステージのリサーチで重要になってきます。というのも、確からしい仮説があれば、本来はその仮説の検証のためだけにピンポイントで調査すればよいのですが、うまく事が運ぶことはほとんどなく、往々にして「確からしい」仮説は外れるものです。

あるリサーチをした結果、「確からしい仮説」が外れていたとわかった場合に、その時点からもう一度、最初からリサーチをし直していては、おそらく時間が足りません。ですので、仮説を乗り換えることになっても即座に必要な情報を引き出せるよう、最初からなるべく広い範囲で調査しておくワークプランを作ることが望ましいのです。

たとえば、ある仮説を検証するためには過去5年分のデータだけ取得しておけばよいところを、少しの追加作業で対応できるなら、念のため過去10年分取得しておく、といったようなことです。こうしたことを時系列だけでなく、リサーチの範囲を規定する全ての要素においてワークプランに織り込んでおけるかどうかで、リサーチ全体の効率は大きく変わってきます。

Point 3

ステップ③ リサーチの実行

リサーチの質を高めるための心構え

リサーチ技法ごとの具体的な進め方については第2章や第3章で触れますので、ここではリサーチを実行する上での、全般的な心構えについて簡単に触れておきます。

簡単に入手できるソースから得られる情報は、それだけでは価値がないことも多くあります。したがって私たちがコンサルティング業務でリサーチを行う場合には、複数ソースから得た情報の合わせ技でメッセージ性を出すか、通常以外の情報収集ルートで仕入れた希少性の高い情報で勝負をするといったことがよくあります。

前者は分析スキルによるところも多いですが、後者は取り組む姿勢次第で誰でも可能です。通常以外の情報ルートといっても特殊なものではありません。

- ビジネス雑誌や書籍、インターネットなどである情報を探していたが、まったく見つからなかった。しかし、仕事帰りに本屋に通い詰めていると、ある日、欲しい情報がピンポイントに掲載されている新刊書籍を見つけた。

- ビジネス書に載っているデータについて不明な点があったので、巻末に掲載されていた著者への電話番号に電話をかけてみた。すると本人が出て、質問に答えてくれた。

偶然といえばそれまでですが、よい偶然に巡りあうための積極的な姿勢、行動がリサーチにおいては重要だということです。

リサーチプラン通り効率的に進めていくこともとても重要ですが、それで情報が得られなくても諦めず、自分なりのやり方でもがいてみることも大事なのです。

Point 4 ステップ④ アウトプット化

リサーチ結果の整理方法

リサーチによって得られた情報や示唆は、いきなりパワーポイントでプレゼン資料にまとめあげようとせず、まずはエクセルで整理しておくことが有効です。たとえば図表1－7のように、横軸に、「まとめたい切り口」「内容」「情報鮮度」「出所」「備考」といった項目を準備し、縦に得られた情報を並べていきます。

図表1−7 リサーチ結果の整理イメージ

	まとめたい切り口	内容	情報鮮度	出所	備考
例	○○株式会社	・・・・	2015年12月4日	2015年12月4日 ○○新聞	・・・・
注意点	・お題によって異なってくるが、“意味のある切り口”で区分すること	・その情報ソースに書いてあることを書く ・かといって、当たり前だが、関係ない文まで全てコピペすればよいわけではない ・事実とあなたの意見を混同しないように！	・古い情報と新しい情報が混ざる場合には、安易に比較はできない。しっかりと書いておいて、確認できることが重要	・後で突っ込まれた場合に、情報を再確認するために必要 ・ブログなどに載っている情報は取るべからず ・出所：インターネット、は意味なし ・初めは何頁に載っていたかまで書いておく方が無難	・その他その情報を見る上で注意しないといけない点 ・関連情報などを書いておく

アクセンチュア作成

その際、情報を整理しておく際の留意点は2つあります。

1つ目は、必ず「情報鮮度」と「出所」を記載しておくこと。「2015年12月4日、○○新聞」といった具合です。情報から何かを解釈する際には、常に「いつ時点の情報か」を意識する必要があるので、「情報鮮度」の項目は不可欠。また「出所」は、情報の信頼性を左右することに加え、改めて元ソースを確認したい場合に必要になりますので、可能な限り具体的に記述しておきましょう。たとえばWeb検索の結果を「出所：インターネット」とだけ記載していては意味がありません。URLと閲覧日を記録しておくようにしましょう。書籍の場合は、何ページに載っていたかまで記載しておくことが望ましいと言えます。

2つ目は、「内容を記載する際に事実だけを書く」こと。逆に言えば、自分の意見を混同させないことです。ソースに記載されている内容を全てコピペするのではなく、要旨を書いておくのはよいことですが、要旨にしようとするとつい自分の意見まで入り込んでしまいがちです。意見、見解を書く場合には、明確に事実とは分けて書きましょう。

いつでもすぐに検索・閲覧可能にしておく

集めた情報は、いつでもすぐに検索・閲覧が可能な状態に管理しておくことが大事です。面倒がらずにしっかり管理しておかないと、既に入手している情報をもう一度探したり、貰うことになったり、関連するメンバーから“○○についての情報が見たい”という要求があっても、即座に対応できなかったりと、後悔することになります。

望ましい管理状態は、電子媒体であれば区分割り（時系列／企業別／テーマ別など）されたフォルダに格納されていること。紙媒体であればバインダーに綴られている／クリアファイルで分類されていること。さらに目次シート（どの情報がどこにあるのかが一覧化されたシート）があることです。目次シートには、個々の情報名、取得日、出所、情報の鮮度、保管場所くらいを記載しておけばよいでしょう（図表1－8）。

図表1–8　情報を管理する方法（一例）

		電子媒体	紙媒体
あるべき管理状態		“区分割りした”フォルダに格納されている ＋	バインダーに綴じられている／クリアファイルで分類されている ＋
		目次シート（情報を一元管理するシート）で管理されている	
作成方法	ユニーク化（個々の情報に統一ルールで名前を付ける）	ファイル名の頭にID番号、受領日／作成日を振る	5ミリ方眼などを表紙にし、表紙の端にIndexシール（タイトル、ID番号を記載）を貼る
	構造化（保管する場所を整理しておく）	“意味のある区分”で切ったフォルダに格納（時系列／企業別／テーマ別など）	電子媒体と同様に、“意味のある区分”でバインダーやクリアファイルに整理
	一覧化（目次作り）	目次シートを作成（既に作成している場合は追加）〔取得日、出所（URLや、クライアントから頂戴した場合には先方の名前など）、情報の鮮度（いつのデータか）、保管場所（バインダー名／フォルダ名など）、報告書作成に使用した場合はその報告書名とページ〕	

アクセンチュア作成

スライドや企画書へのアウトプット

情報を整理した後は、そこから読み取れることを考え、企画書に織り込みたいメッセージを抽出し、企画書を書き始めるというアウトプットのプロセスです。その際に必要な分析やスライド作成の技術についての詳細は他書に譲りますが、実際にリサーチからスライド作成に至るまでの過程を具体的な事例とともに「第4章リサーチのケーススタディ」で触れていますので、ご参照ください。

常に将来を見据えて情報のアンテナを張っておく

本章の最後に、リサーチの力を高めるヒントをご紹介しておきます。

自身のリサーチ力を高めるためには、業務として必要なタイミングだけでなく、常に将来を見据えて情報のアンテナを張っておくことです。新聞なら図表やデータを切り取っておく。ビジネス誌なら“よいネタ”に付箋を貼っておく。書店に寄ったら、白書が置いてあるコーナーに立ち寄り、どんなものがあるのか、どんなデータが載っているのかをチェックしておく。暇があったら、ネットで統計データサイトなどを見つけて「お気に入り」に入れておく。このように、日々の生活の中で、自身の仕事にいつか関係しそうなネタを蓄えておくことをお勧めします。

第2章

10のリサーチ技法①
『情報をさがす編』

ここからは、代表的なリサーチ技法について、活用方法をご紹介していきます。具体的には、各技法に習熟するためのコツを、「ルール」と「テクニック」に分けてご紹介します。「ルール」は、必ず実施すべきことや守ってほしいことで、「テクニック」は、経験者は何気なくやっているものの、意外と体系的に学ぶ機会がない、効率化の工夫やうまいやり方です。
第2章では、下記の技法をご紹介します。

- Web検索
- 文献検索
- 記事検索
- 公的調査・統計
- 民間調査レポート

Point 1

情報を「さがす」技法と「つくる」技法

10の基本的なリサーチ技法

第2章と第3章では、私たちコンサルタントが日常的に、頻繁に活用しているベーシックな10のリサーチ技法をご紹介します（図表2－1)。

もっとも、実際のリサーチでは、これらの技法のうち、どれか一つだけを使ってリサーチが完結することはほぼありません。複数の技法を目的や状況に応じて使い分けつつ、組み合わせて使います。どのように組み合わせるかは第4章のケーススタディで紹介します。

図表2―1　10のリサーチ技法

Web検索	インターネット検索エンジンを使った情報収集
文献検索	刊行されている基本書・専門書等からの情報収集
記事検索	新聞や雑誌など定期的に発行されている媒体からの情報収集
公的調査・統計	行政や研究機関が発表している大規模定量データを使った情報収集
民間調査レポート	調査会社が発行している、調査対象テーマに関してまとめられた報告書からの情報収集
アンケート調査	広く消費者や参加者に問いかけ、傾向やクラスターを定量的に把握する情報収集
ソーシャルリスニング	消費者が大量に、何気なく、自発的に発信している情報の収集
フィールド調査	現地に足を運んで実際の場面を観察・体験することによる情報収集
インタビュー	有識者や消費者に直接問いかけることによる深い情報収集
ワークショップ	集合知のメカニズムを活用し、言語化されにくい新しい視点・情報を引き出す情報収集

アクセンチュア作成

2つのタイプに大別できるリサーチ技法

図表1−5のとおり、調べる広さ・深さのタイプによって、適しているリサーチ技法は異なります。たとえば、手早く基本的な常識を吸収して仮説を立てる手がかりを得る際には、Web検索や文献検索、記事検索といった技法が主に使われます。全体の傾向を体系的・定量的に理解する際には、公的調査・統計や調査レポート、アンケート調査がよく使われます。常識を超えた専門知識や深い気づきを得る場合には、ソーシャルリスニングやフィールドリサーチ、インタビュー調査やワークショップといった技法が用いられます。

図表1−5（再掲）　調べる広さ・深さとリサーチ技法の関係

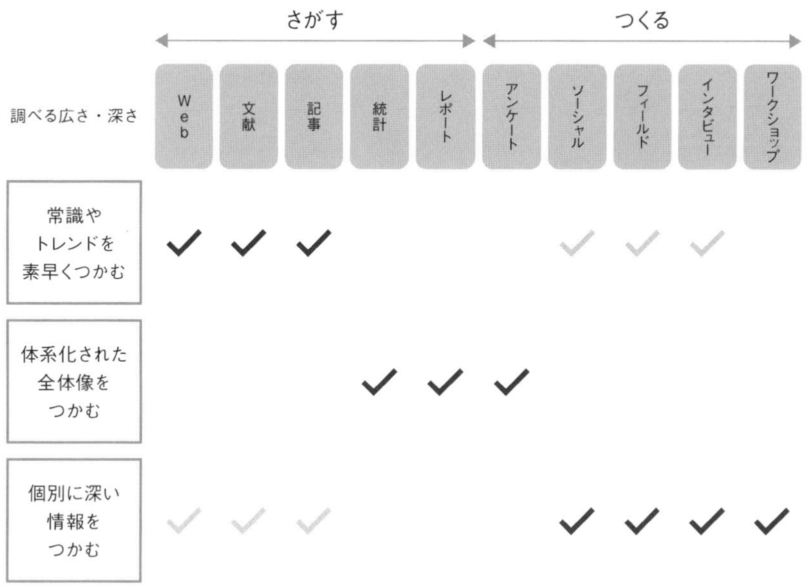

アクセンチュア作成

そしてリサーチの技法は大別すると、情報を「さがす」技法と、情報を「つくる」技法に分類することができます。たとえばWeb上に公開されている情報や、政府の公刊情報のように「すでに存在し、誰でも取得可能な情報」(「二次データ」)については、情報を「さがす」技法を用います。いかに効率的に取得し、そこから独自の考察を広げられるかがポイントと言えるでしょう。

一方、インタビュー調査を実施することによってはじめて得られるような「現在存在せず、自ら作り出す必要がある情報」もあります。そのような一次データについては、情報を「つくる」技法を用います。「つくる」技法では、「そのデータをどう作るか」という設計が極めて重要であり、この設計次第で、リサーチ結果は大きく変わってきます。

この第2章では、「さがす」リサーチの技法についてご紹介します。

Point 2

Web検索

あらゆるリサーチの起点となるWeb検索

今の時代、Web検索はあらゆるリサーチの起点と言っても過言ではありません。リサーチの手がかりになるキーワードを見つけるにしても、そのキーワードを使ってより具体的な事実を見つけるにしても、Googleを始めとした検索エンジンの活用はリサーチにおいて欠かせない手法です。

すでに読者の皆さんもWeb検索は日常的にお使いだと思いますが、ちょっとしたコツでより効率的に、上手く使えるようになりますので、そのワザをいくつかご紹介しましょう。

Web検索の主な使用シーン

検索エンジンを通じて得られる情報は、言うまでもなく「誰でも容易にアクセスできるもの」。そのため、差別化できる情報が手に入るわけではありません。むしろ、当然知っておかなければいけない基本的な事実を確認したり、クイックに概況を把握する場合に使います。

たとえば、「○○国での○○事業のマクロ環境をざっくり知りたい」「○○業界における新商品や技術のトレンドをざっくり知りたい」「○○社の会社概要と最近のトピックスを知りたい」といった場合です。

ビジネスにおけるリサーチは基本的に、「こういった事実があるのではないか」というなんとなくのアタリ（コンサルティング業界では「初期仮説」と呼びます）があり、その仮説を具体的数値や事例で検証する、あるいは反証し新たな事実を発見する、という流れで進めます。しかし、それまでほとんど見聞きしたことがない全く新しい業界・商品・企業等について調べる場合、初期仮説そのものが浮かびにくいこともあります。Web検索は、そういった際に初期仮説を構築するためのインプットとすべく、その業界・企業・商品等についての基本的な事実を把握する、いわば鳥の目で土地勘を掴むために有効な手法なのです。

また、Web検索を進めるうちに、初期仮説構築の手がかりだけでなく、「どのくらい手間と時間をかければ、どのくらいの深さの情報が取得できそうか」といった、リサーチに必要な時間や手間についてある程度「アタリ」をつけることができます。

ルール：ゴール×時間を最初に設定する

何も準備しないままWeb検索にとりかかると、単なるネットサーフィンになってしまいます。無駄な時間がかかる上に、「結局何がわかったんだっけ？」という悲惨な結果になりかねません。

そういった事態を避けるために最初にすべきことは、「どのくらい時間をかけてどのくらいの結果を目指すか」という投資対効果をイメージすること。たとえば、「10分くらいでA市場の主要プレーヤーをリストアップしよ

図表2−2 Web検索における注意点

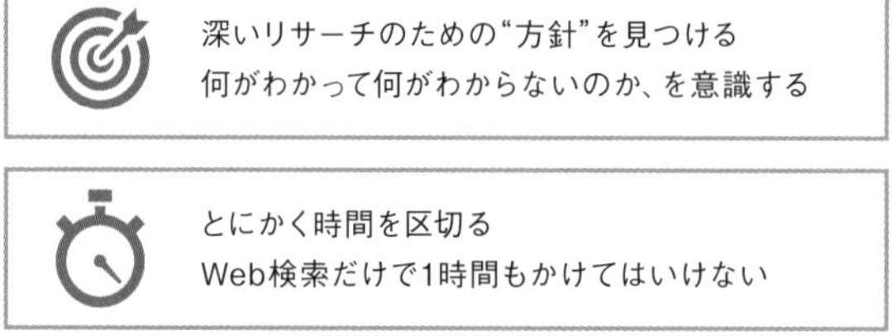

アクセンチュア作成

う」、あるいは「30分くらいでB社の新商品発売の歴史を紐解こう」といった具合です。

Web検索は、あくまでもリサーチのとっかかりですから、何時間もかけてやるものではありません。Web上で1時間かけても見つからないリサーチをしているとしたら、そもそもそれに関する情報はWeb上には存在しないか、やり方に工夫が必要です。

テクニック：検索キーワードを磨く

キーワードをもとに検索するWeb検索では、当然ながらキーワードの工夫が求められます。たとえば、「オランダの冷凍食品市場の概要（市場規模、主要プレーヤー、チャネル、固有の商習慣、ホットトピック等）を掴みたい」としましょう。まず「オランダ　冷凍食品　市場規模」とそのまま検索しても、お目当ての情報は容易には発見できません。このような場合に重要なのは、「1）代替ワードを探す」×「2）組み合わせる」ことです。

1）代替ワードを探す

「オランダ」であれば、ネーデルラント・Netherlands・Dutch・Hollandなど別の呼称を試すことはもちろん、EU諸国・西ヨーロッパ各国など直接オランダを特定せず、まとめて掲載されているサイトがないかを探します。

「冷凍食品」は、冷凍保存食品、フローズンフード（ズ）、当然オランダ語の冷凍食品（“Diepvriesvoedsel”というそうです）で試してもいいでしょう。

「市場規模」はマーケットサイズ・マーケットボリューム・売上高・販売量・流通量、など様々な切り口が考えられます。直接求める情報が見当たらなくても、最初からどこまでの精度で情報を集めるべきかがイメージできていれば、「こんなキーワードでもいいかもしれない」という代替案が浮かびやすくなります。

2）組み合わせる

代替ワードがリストアップできたら、組み合わせを試します。手戻りを避けるため、どのような組み合わせで検索したか、Excelなどで記録するのを忘れないでください（図表2－3）。ここまでやって出てこなければ、Web検索で簡単に見つけることが難しい情報かもしれません。

図表2–3　検索キーワードの組み合わせを記録する（食品メーカーにおける安全管理体制に関するリサーチ例）

アクセンチュア作成

Column

時には道草も必要

検索している中で、本来欲しかった情報ではないけれども、関連した面白い情報が出てくることが多々あります。たとえば、冷凍食品について調べるうちに、「CAS冷凍」というキーワードが度々出てくることに気づいたとします。ちょっと調べてみると、磁場を使って振動させながら瞬間冷凍させることで、解凍しても食品の風味を保つ冷凍技術だとわかりました。

採れたての農林水産物の鮮度をこれまで以上に保存できるということは、日本政府が推進する「6次産業化[*1]」という追い風を受けて、今後大きな脚光を浴びるかもしれません。さらに調べると、細胞を壊さない保存技術で、臓器の冷凍保存やiPS細胞の保存といった再生医学分野での適用が進んでいることもわかってきました。言うまでもなくこれは世界的に注目されている分野ですから、CAS冷凍の活用拡大の原動力となる可能性があります。

このように、リサーチの過程で見かけた脇道情報をないがしろにしないことで、さらに深掘り調査するための切り口が見えてきたり、新しい切り口や初期仮説を見直すきっかけとなったりすることがありますので、いま欲しい情報でなくとも頭の片隅に置いておくことをお勧めします。

リサーチで最も重要なのは、知らないことを発見して「面白い」と感じられる知識欲。その知識欲が、一般的な事実に留まらない、より有益なリサーチ結果の獲得に繋がります。

テクニック：画像検索を使いこなす

上司から「調べてくれたオランダの冷凍食品市場、バリューチェーンに沿ってわかりやすいようにまとめて」という指示を受けたとしましょう。このとき、「バリューチェーンってどんなのだっけ？」と思ってクイックに確認したいのであれば、Web検索ではなく、画像検索が有効です。文章だけで説明してあるサイトより、図表が入っているサイトの方が、パッと理解するには好適だからです。そういったわかりやすいサイトを見つけるためには、視覚的に探す方法もあるということを覚えておいてください。これは、後々調査結果を資料としてまとめるイメージ作りにも役立ちます。

また、「ある市場の時系列統計データが欲しい」といったときにも、画像検索が活躍することがあります。データがありそうなサイトを探して一つひ

＊1　1次産業（農林水産業）が、2次産業（工業）・3次産業（サービス業）まで垂直的に事業領域を拡大していくこと。

とつ確認するよりも、思い描くグラフに近いものを画像検索で見つけてから、そのサイトを集中的に調べる方が、ずっと早く目的のデータにたどり着けます。

たとえば、米国における過去30年のオレンジジュース消費量の情報を取得したい場合、通常のアプローチであれば、米国の管轄省庁を調べて、それがUSDA（米農務省）であることを知り、それからUSDAの公式サイトを見つけ、さらにそこから統計データのページを探して……と大変時間がかかります。しかし、「US orange juice consumption」と画像検索すれば、管轄省庁がUSDAであることだけでなく、ここ10年で急激に消費量が落ちてきている、という発見まで一瞬で到達することができます（図表2－4）。

図表2−4　米国オレンジジュース消費量推移

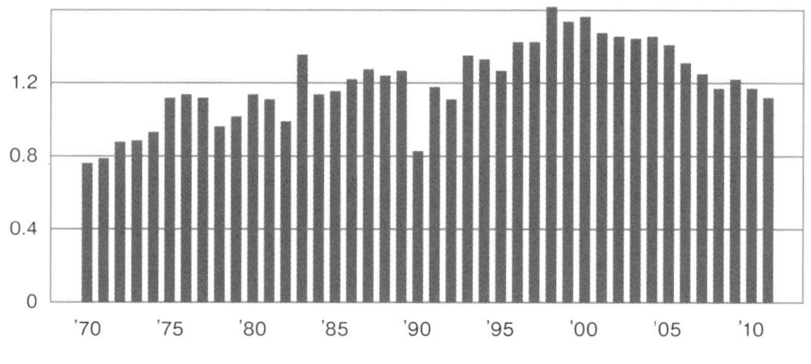

出所：USDA

すると、「なぜ消費量が落ちてきているのか」「2000年前後にどのような変節点があったのか」「今後どうなっていくのか」といった、より深いリサーチの方向性が見えてきます。通常のやり方で統計データをダウンロードして、集計してグラフを作って、とやっていたら、ここに至るまでに1～2時間は軽くかかってしまうでしょう。

ルール：情報発信元のポジション・情報の鮮度を常に意識する

Web検索に限らずあらゆるリサーチに共通して言えることですが、発信者や発信時期にも注意して記録しましょう。

発信者については、特定のグループの利益代表であったり、根拠のない発信をしていないか、十分に注意してください。そのためにも、Web検索では単一データソースに頼らず、複数データソースから同様のメッセージが導かれるまで探索することが原則です。

たとえば、Wikipediaや各種まとめサイトのようなCGM[*2]は、日常生活においては非常に便利な情報源です。ただし、これらのソースを鵜呑みにしてリサーチを終えることは、ビジネスではありえません。こういったメディアは誰でも発信・編集可能であり、ビジネスリサーチで使えるレベルの信頼性が担保できないからです。

◎個人のブログやTwitter（リサーチの方向性のアタリをつける程度）
◎複数の参加者が共同編集できるメディア（目的によっては使える場合も）
◎企業・団体の発表（大抵の場合信頼できる）
◎行政他公的研究機関の発表（誰からも文句を言われないレベルで信頼できる）

といった具合に、データソースの信頼性について必ず確認し、資料としてまとめる際にも明記するようにしてください。

情報の鮮度については、たとえば市場概要について金融機関や調査会社がまとめたレポートが公表されていることがありますが、いつの情報なのかに注意しましょう。過去2年くらいが可用性の目安で、3年以上前のレポートは市場の概況やホットトピックが変わってしまっていることが多く、信頼性が低くなります。

---

*2　Consumer Generated Media：消費者自身がコンテンツを生み出すメディア。どのようなテーマが今ホットなのか、消費者における流行を感じる、といった使い方では有効。

テクニック：タブブラウジングを使って効率的に信憑性を高める

Web検索で表示される結果は、当然玉石混淆です。その中から、いかに信憑性の高い情報を効率的に集めるかがリサーチの肝です。そのためには、ウェブブラウザのタブ機能の使用をお勧めします。

具体的には、検索結果ページに出てくる見出しや抜粋を眺めて、該当しそうなサイトを見つけたら右クリックし、「リンクを新しいタブで開く」をクリックしていきます。こうすることで、検索エンジンによる機械的な検索結果一覧の中から、より自分の検索意図に合った、精度の高い検索結果がブラウザ上に開かれていきます。

検索結果ページで、よさそうなサイトがあるからと言ってすぐにそのサイトをクリックして閲覧しようとすると、いちいち画面が表示されるまで待って、それから内容を確認して、意図にそぐわなければ検索結果ページに戻ってまた探して、という無駄な時間と手間がかかってしまいます。また、タブ機能で複数のサイトを開き、見比べながら調べることで、偏った理解や早とちりを防ぐ効果も期待できます。

テクニック：Google検索の使えるTips

様々な検索意図に応えるため、Googleは多くの検索オプションを用意しています。その中から、使える小ワザをいくつか紹介しましょう。こういった検索Tipsを使いこなせるようになると、それだけで格段にWeb検索の効率性が上がります。

1）論理演算子の使い方

「キーワード1 キーワード2」と検索するとAND検索になり、両方のキーワードを含む結果が表示されます。このとき、ANDと入力する必要は特にありません。皆さんも普段使われていると思います。

一方、「キーワード1 OR キーワード2」と検索するとOR検索になり、どちらかのキーワードを含む結果が表示されます。こちらはAND検索とは異なり、キーワードの間に「OR」と書く必要があります。

またANDとORは組み合わせて使うこともできます。たとえば、「(キーワード1 ORキーワード2) キーワード3」を検索すると、キーワード1かキーワード2のどちらかを含み、かつキーワード3を含む検索結果が表示されます。

2) フレーズ検索

たとえば、地球温暖化についての英語文献を探したい場合、単に「global warming」と検索すると「global」と「warming」の両方を含むものの、温暖化とは直接関係のないサイトまで表示されることがあります。ユーザーが意図をもってキーワードを並べても、検索エンジンには並び順を問わないAND検索とみなされるからです。

このような場合は"キーワード1 キーワード2"のように「"」で囲むことで、その並びでキーワードが出てくるサイトを探し当てることができます。特に英語のように単語を空白で分けて書く言語では便利な機能です。

3)「－(マイナス記号)」の使い方

たとえば、企業名を冠したプロスポーツチームを持っているような企業の事業について調べたい場合、企業名で検索するとスポーツの話題ばかり表示されてしまい、思うように欲しい情報が見つからないことがあります。企業は広告塔としてプロスポーツチームを擁しており、スポーツのニュースのほうが圧倒的に情報として出回っている量が多いのですから当然です。

こうしたノイズを劇的に減らすコツがあります。それは、「検索ワード -プロ野球」のように、除外したい結果が高確率で含まれるキーワードを、マイナス記号を付けて組み合わせます。そうすることで、プロ野球の話題を含まない、企業そのものについての記事や情報が見つけやすくなります。

4)「filetype:」の使い方

「filetype:PDF (半角スペースを空ける) キーワード」のように、キーワードとAND条件でファイル形式を指定すると、指定されたファイル形式の結果だけが一覧で表示されます。たとえば、日銀が出している企業の物価見通しに関するPDFファイルを見つけたい場合、「filetype：PDF 企業の物価見通し」で検索すれば発表資料にダイレクトにたどり着くことができます。

PDFの他に、PPTX（パワーポイント資料）、XLSX（エクセル資料）、DOCX（ワード資料）などいくつかの拡張子が使えますので、試してみてください。

5）「site:」の使い方

お目当てのウェブサイトにはたどり着いたものの、コンテンツが多かったり、構造が複雑で欲しい情報がどこにあるのかすぐにわからない場合には、「site:」コマンドを使ってみましょう。たとえば、検索ボックスに「site:http://www.j-milk.jp/ ダイエット」と入力して検索すると、そのウェブサイトのドメイン（この場合には「j-milk（乳業生産・販売者の業界団体サイト）」）内から、「ダイエット」に関するページだけを探し出すことができます。

一つひとつリンクをたどって探すよりも、この方が効率的に欲しい情報にたどり着けます。

6）「cache:」の使い方

めぼしい検索結果が見つかったのに、既にそのサイトが削除されていて閲覧できない、ということがたまにあります。そういった場合は、「cache: ウェブサイトのURL」で検索を実行すると、以前に検索エンジンがクロールしたときに保存している内容を確認することができます。

テクニック：言語に合わせた検索エンジンの活用

日本ではGoogleがデファクトスタンダードだと思いますが、言語によっては別の検索エンジンを使うことも有効です。たとえば韓国語圏であればNaver、中国語圏であればBaiduやSogou、ロシア語圏であればYandexなどがシェアを伸ばしてきており、今後主流になる可能性があります。

私たちアクセンチュアも、たとえば中国におけるリサーチを進める際は、日本語・英語でのWeb検索に限界があるケースが多々あるので、中国語の読み書きができるメンバーに中国語圏の検索エンジンを活用したリサーチを依頼することがあります。

言語に合わせた検索エンジンの活用を考える際、身近にその言語を操れるメンバーを探して、調べてもらうことが有効です。

テクニック：Webスクレイピング

効率的にWebから情報を集める方法として、Webスクレイピングという手法があります。

Webサイトからの情報抽出は、通常手作業で行います。Google検索でキーワードを入力し、対象のWebページにたどり着き、そのWebページ内の欲しい情報にたどり着き、そこからテキスト情報やデータをコピー&ペーストで収集する、という手順です。Webスクレイピングは、その一連の工程をプログラム化して自動化させることで、効率よく大量のデータを取得できる手法です。

たとえばECサイトにおける競合との商品価格の比較を100種類の商品に対して行いたい場合や、特定キーワードを含むニュース情報を抽出するなど、多数のWebページから多数のデータを収集し、全体の傾向を定量ファクトで示したい場面において有効です。

1）実践の方法

Webスクレイピングを行うには、本来プログラミングが必要です。ただし、プログラミングを行わなくても直感的なUIでスクレイピングを行える「スクレイピングツール」が登場しており、それらを使うことで、プログラミング経験がなくても効率的にスクレイピングを行うことが可能です。

無料プランもあり、チュートリアルも充実しています。抽出したいWebページのURLを入力した上で、自動化したい工程を画面上で選択しながらフローを作る（サイト遷移やスクロール、要素のためにクリックする、等）、直感的な作業で効率化プログラムの作成が可能ですので、是非一度使ってみることをお勧めします。

図表2-5　Webスクレイピングツール(一例)

ツール	主な特徴
Octoparse	●コードを書かずとも使用可能 ●初心者向けのテンプレートが充実 ●ログインが必要なWebサイトにも対応可能 ●日本語サービス提供あり
parsehub	●コードを書かずとも使用可能 ●ログインが必要なWebサイトにも対応可能 ●自動でページ選別やWeb上の文書を読み込んで解析・データ出力をする機械学習技術を搭載
import.io	●コードを書かずとも使用可能 ●IPアドレスプールからそれぞれ非同期的にURLにクエリを実行することで、データ抽出によりWebサイトに過剰な負荷をかけないよう設計
mozenda	●市場で「最も古い」Webスクレイピングソフトウェアの一つ。Fortune500の企業も多く利用 ●ドキュメントと画像の抽出もサポート ●データ可視化のサービスも提供(データアナリストを雇う必要がなくなる)

出所：特徴は各社HPより抜粋

2) Webサイト規約を確認する

Webスクレイピングは効率的に大量のデータを取得するには有効な手法ですが、クローリング(スクレイピング)を禁止しているWebサイトがあることに注意が必要です。規約違反とならないよう、スクレイピングを行う前には事前に対象Webサイトの規約を確認しましょう。

Column

Web検索の進化とユーザー行動の変化

Web検索といえば、先述のようにGoogleなどの検索エンジンを活用して、キーワードから関連ページを訪ねていく方法がメジャーですが、近年は様々な方法で情報収集を行えるWebサービスも増え、ユーザーのWeb上での行動様式も多様化しています。特にZ世代など若い世代のWeb上での情報収集の行動様式は、“ググる（= Google検索を行う）”ではなく“ディグる（dig = 掘る）”と言われています。

“ディグる”とは、元々DJがレコード屋の棚に大量に並べられたレコードを物色し、よいレコードを探し出す仕草が掘る様子に似ていたことから生まれた言葉です。この“ディグる”が転じて、広く音楽を探索・発掘する意となり、レコード屋の物色だけでなく、ラジオやクラブや雑誌を通じた音楽との出会い、今ではストリーミングのオススメ機能の活用などの行為も“ディグる”に含まれます（使用例「最近親の影響で80年代の音楽を“ディグる”っていたら、お気に入りのアーティストを見つけた」）。つまり、あるテーマに関連する情報を収集するため全方位にアンテナを張り、あらゆるきっかけから求める情報を手繰り寄せ掘り当てていくことが“ディグる”が表す所です。

Web検索に話を戻すと、若い世代にとって、もはや“ググる”= Google等検索エンジンの活用は、あくまで情報を手繰り寄せる一つの方法に過ぎません。たとえば、InstagramやTwitterのハッシュタグ巡り、いいね数の多い投稿のチェック、インフルエンサーの動向チェック、YouTubeの関連オススメ動画、Pinterestのボードづくりなどを、情報収集の方法として活用しています。

一方で、“ググる”の語源であるGoogle自身も検索サービスを拡充する動きがあり、文字認識・画像での検索機能の強化などに乗り出しており、“ググる”＝キーワード検索エンジンのイメージが定着している中でGoogleの名を冠したサービスがどこまで定番入りできるかは今後も注目です。

また、これからもさらに様々な種類のWebサービスが増え、ユーザーのWeb上での情報収集の行動様式の多様化・新しい行動様式の登場も予測されています。たとえば、従来のWeb検索は、まずキーワードなどユーザーからの検索のきっかけとなるインプットが求められることから、レコード屋の“ジャケ買い”（想定もしていなかった物が目に止まり、棚から手に取り購入すること）のような“偶然の出会い”の演出が難しいと言われていました。それが今では、顧客個人のデータを活用したAmazonのレコメンド機能等、“作られた偶然の出会い”の実現まで漕ぎ着けています。さらにこれからは、メタバースの活用により、Web上の仮装空間がより現実世界と接近し、バーチャル店舗での偶然の出会いが実現する日も近いと言われています。Web検索の進化とユーザーの行動の変化は、日々急速なスピードで移り変わっており、今後も目が離せません。

このように情報を“ディグる”ことは、リサーチを行う私たちにとっても取り込むべきものです。新しいWebサービスから得られる情報の取り扱いには十分注意を払う必要はありますが、臆せずに利用してみることで、日頃からあらゆる情報をキャッチするアンテナの感度を高めることができます。

Point 3

文献検索

インターネット時代でも文献の有用性は高い

先に述べた「Web検索」は、業界・商品・企業等についての基本的な事実を把握するために有効な手法ですが、正確に事実を把握するためにはWebに散在する玉石混淆の情報から、信憑性の高い意味ある情報を取捨選択し、さらにそれらを整理・体系化する必要があります。

一方でいわゆる文献（一般書籍）は、ある特定のテーマに対し、著者によって既に情報が収集・選択され体系化されていますので、Web検索のような収集・選択・体系化という手間がかかりません。もちろん「読む」手間がかかるのですが、これは後述のコツにより効率化が可能です。リサーチにおけるデータソースとして、文献を活用することが有効であることは間違いありません。

しかしながら世の中には無数の文献があり、「どの本を選んだらよいのかわからない」「実際購入してみたものの、全然参考にならなかった」というケースは多々あります。では、どうしたら欲しい情報にたどり着くのでしょうか。本節では、実践的な利用シーン・テクニックについて触れたいと思います。

主な使用シーン

Web検索では、調べたい領域に対するザックリとした情報を手っ取り早く掴むことができる一方、「全体像がいまいち把握できない」「その事象の背景や意図がわからない」というケースが往々にしてあります。 そうした際に、専門家が時間をかけて整理した文献にあたることによって、情報の体系的・構造的整理をスムーズに行うことができます。

特に特定の業界や企業、あるいは特定の業務領域やトレンドなど、ある程度調べる対象範囲が絞り込まれた段階で文献にあたるのがリサーチを行う上で有効です。また、文献の特性上、得られる情報は定量的なデータというよりはむしろ定性的な事実が主なので、様々な事例を調べる際のデータソースとしても有効です。

ルール：まずは業界本をクイックに通読し、キーワードを掴む

たとえば、新しいサービスや事業を開始する際、ターゲットとなる業界についての理解を深める場合、いわゆる“業界本”を手に取る機会が多いと思いますが、調べる目的・内容が何であれ、まずはこれら業界本をクイックに読むことが定石です。

“業界本”とは、いわゆる『よくわかる○○業界・○○ビジネス』『○○業界大研究』といった、就職活動中の学生がよく手に取る類の業界研究本のことですが、まずはこれで十分。大抵の場合、その業界における市場・消費者の動向、生産から販売までのバリューチェーンの構造やその業界で働く人・働き方の特徴といった基本的な情報とともに、直近の業界のトレンドについても書かれていますので、その業界の全体感を掴むのに最適です。

ただし、この手の本の情報自体から新しい示唆を得られることは基本的にありません。ですから、時間をかけて深く読み込むのではなく、リサーチ対象の業界や企業が置かれている環境を素早く理解するとともに、今後リサーチを進める上での重要な手がかりとなりそうなキーワードを把握することが目的です。したがって業界本は、なるべく広く・浅く網羅的に業界をとらえ、かつ情報鮮度がよいもの（最近出版されたもの）を選ぶことが肝要と言えるでしょう。

ルール：専門書は精読せず、頭の中にインデックスをつける程度に読み流す

業界本である程度概観を掴んだら、次はリサーチ対象となるテーマに特化した専門書を読みます。しかし、この段階ではまだ深く内容を理解するまで精読することはお勧めしません。文献、特に専門書は、著者が何かしらのメッセージを伝えるために記述したものであるため、そのための事実の提示とその事実に基づいた論旨展開がなされており、必ずしもそれらの内容が自分の調べたい内容に合致しているとは限らないからです。

リサーチの際に文献にあたる目的は、あくまでも自らが証明したい仮説を裏付ける根拠となる事実を得ること。ですので、その“証明したい仮説”と得たい“事実”が明確になるまでは精読する必要はありません。いきなり専門的な内容が書かれた書籍を全て読み通して理解しようとすると、「時間がかかった割に、リサーチを進めるにあたっては何も参考にならない」という状況に陥ってしまいます。

ビジネスにおけるリサーチなので、読み込みすぎてスピードが落ちてしまってはいけません。リサーチの初期段階においては、文献はさらっと全体を読み流し、「その文献において何が書かれているのか？」「どのような事実情報があるのか？」という“使えそうな情報”のインデックス（＝目次）を頭に入れておくようにします。そして、それが記載されているページには後日参照できるように付箋を付けておくくらいがちょうどよい読み方です。リサーチが進み、証明したい仮説や欲しい事実が明確になった時点で、改めて必要な個所のみ個別に深掘りして読み込むのが最も効率的だと言えるでしょう。

ルール：同一テーマで最低3冊は読む

先述の通り、1冊毎に精読する必要はありませんが、一方でテーマ毎にどのような論点があるのかという肌感覚を養うには、ある程度の情報量の蓄積が必要です。このため、少なくとも同一テーマで3冊程度読むことをお勧め

します。

いかなる文献も、どうしても著者のバイアスがかかっていますし、1冊のみだとそもそも情報の網羅性が担保されないリスクがあります。そのリスクをヘッジするために複数冊を読むことが必要となるわけですが、同時に1冊目を基準として2冊目、3冊目とを比較して読むことで、著者によるメッセージの差異を把握することができ、当該テーマにおける通説や論点が浮かび上がってきます。

テクニック："参考文献"リストが充実しているかを確認

業界本や専門書、経営者本、企業本など、文献検索で読むべき本は様々ですが、いずれの場合においてもまずは"文献選び"が最初のステップ。目的・文献タイプに応じて目次を見つつ、網羅性や専門性を見極めて選びますが、いずれのタイプの文献においても、選定する際の基準として意識すべきなのが"参考文献の充実度"です。

理由は単純で、①多種多様な情報ソースから書かれているため信頼性が高い、②さらに深く調べる際に参考となる情報ソースを一気に広げることが可能、の2点です。知識・情報のハブとなるような文献を見つけさえすれば、その後のリサーチの拡がりと深さが飛躍的に向上するので、文献選定の際には巻末の参考文献のチェックを怠らないことが肝要です。

これはリサーチに限ったことではなく、とある文献を読んだ際に、巻末の参考文献に記載されている文献にあたるのは、知識ネットワークを広げるのに極めて有効です。一つ情報を入手する際に、その源となる情報、関連する情報をタグ付けしながら、頭の中に放り込んでいく癖をつけておくと、入ってくる情報の偏りも少なくなり、情報の信憑性に対する自信も持てるようになります。

ルール：ファクトと主張を見極める

日常業務の中で、様々な情報・知識を書籍から引用するケースがあると思います。しかし、業務の中で必要な情報・知識を何としてでも集めようと思う気持ちが強く、引用の仕方が我田引水になるケースが散見されます。ここでは、ファクトと主張を見極める際のチェック項目を記しますので、参考にしてください。

まず手に取った書籍が“調査ベースの書籍”なのか“主張ベースの書籍”なのかを自分なりに見極めてから読み始めること。“調査ベースの書籍”であれば、必ず調査結果や客観性や信用性を担保した参考文献から主張が組み立てられているはずですので、引用元に留意して読み進めていけば、ファクトの信頼性を見誤るリスクは低く抑えることができます。

一方、“主張ベースの書籍”を読む場合は、著者が「言いたいこと」にファクトの解釈が歪められていないかを意識しながら読み進める必要があります。そのためには、文章の末尾に着目します。たとえば以下のような表現の場合は、“本当にそうなのか”と疑問を持つべきです。著者の主張ですから悪意はないものの、主張なので、過度に引っ張られてはいけません。

（推論）～～することはないだろう。 ～～の可能性は低い。～～のことが多い。
（断定／主張）～～するのである。～～するべきである。
（強いキーワード）～～は絶望的である。～～が深刻である。

著者は強く推論／断定／主張しているが、“なぜそう推論／断定／主張しているのか”のファクト部分に目を向けることが重要です。

そして文章中の数字をすべて鵜呑みにしてはいけません。数字は強烈なファクトですが、飛びついてはいけません。たとえば、“高齢化に伴うシニア市場”の市場規模を探しているとします。そして、ある文献に“シニアによる消費総額が○○兆円”という一文を見つけたとします。 ここですぐその数字を使いたくなりますが、その前にいくつか自分に問いかけなければなりません。たとえば以下のような問いです。

（Where）対象となる国／地域は？

（What）対象となる市場は？　サービスは？　製品は？
（Who）対象となる顧客セグメントは？　シニアの定義は？

すると、「この数字だけで判断してよいのか？」と不安になってくるはずです。数字は複数ソースから多角的に確認する必要があることがわかるでしょう。

そして、最後に重要な事実をお伝えしておくと、“書籍であっても売れるために書かれていることがある”ということ。当然のことながら読者の気持ちを掴むためには、“キャッチー”であることが重要です。ファクトでさえも、“キャッチー”に使われることもしばしばあるのです。“ファクトに常に批判的に目を向けて見つめ続けること”が大事な心掛けです。キャッチーな主張だけにとらわれないようにしましょう。

テクニック：経営者・特定企業についての本は、ストーリーではなくファクトに着目

テーマ毎の専門書と同じく、リサーチにおいて大変有効な情報源となり得るのが、ビジネスを創り上げてきた経営者についての本や特定企業の成長の軌跡・ノウハウを披露する「経営者本」「企業本」です。多くは創業者や企業経営者が自ら執筆していたり、新聞記者などジャーナリストにより対象者・対象企業への密着取材をもとに書き起こされたものなので、外部の人間では知りえない内部情報を得ることができます。

これらの文献は読みやすく、また一ビジネスパーソンとして読んでいて面白いため非常に参考になるわけですが、リサーチを目的とした場合、読み方に注意が必要です。前述の通り、リサーチにおいて文献にあたるのは、あくまでも仮説の論拠となる事実情報を抜き出すことが目的。したがって、その経営者・企業が行ったこと（＝事実）に着目することが肝要です。

往々にして「経営者本」「企業本」ではその経営者・企業にとっての「大事なこと（経営コンセプトや理念といったところ）」が強調されがちですが、これらは基本的には各経営者・企業独自のものであり、「自社にそのまま当

てはめられない」ケースがほとんどです。

むしろ、「その経営者・企業が成功（失敗）に向けて何を行ったのか？」「そのときの時代背景、おかれている環境はいかなるものであり、どのようなロジックをもとにそれを行う意思決定に達したのか？」といった事実に着目しながら、そのエッセンスを抽出していくことで、初めて「自社に当てはめた場合に課題となることは何か？」「その課題を乗り越えるためにはどうしたらいいか？」を考えるきっかけとして活用できるようになります。

テクニック：大型書店に定期的に足を運び“選球眼”を養うべし

昨今、Amazonをはじめとしたネット書籍販売の普及に伴い、書店に行かずとも簡単に書籍が買える時代になりました。試し読みができる機能もあり、リアルな書店での購買経験に近づきつつあるのに加え、レコメンド機能で自分が欲しいと思っている書籍を自動的に推奨してくれます。また書評を通じて購入する前からその書籍の良し悪しもある程度把握可能です。私たちも当然その利便性からネット書籍販売サービスを頻繁に活用しています。しかし、一方で街の書店、特に大型書店にも足しげく通っているのも事実です。

短期間で必要な知識・必要な情報を入手できるコンサルタントの特徴は、お気に入りの書店があり、定期的に足を運んでいることです。そのときのプロジェクトと直接関係なくても、「新刊はないか？」「どんなテーマが流行しているか？」「そのテーマの専門書はどれくらい幅広く存在しているのか？」等、常にアンテナを張っています。

書店の棚に並ぶ書籍の変化を時代の変化に重ね合わせて捉えていくことは、自らの情報感度を向上させるために有効であり、また常日頃から書籍を手に取って中身を確認することで、書籍を選ぶ際の“選球眼”を養うことができます。リサーチのみならずビジネスマンとしてのスキルアップのためにも、日々の生活の中に書店通いを組み込んでいくのがよいでしょう。

テクニック：恐れず著者に直接連絡を取ってみる

本を読んで、もしわからないことがあったら、Web検索や出版社への連絡を通じて、著者に直接連絡を取り、聞いてみる姿勢も重要です。

通常、著者は執筆の過程において膨大な情報を収集しているので、執筆や編集の過程でそぎ落とされた情報も持っています。したがって、著者に直接聞いてみることで初めて得られる情報も多々あるのです。特に研究者は、自分の知り得た情報や、自ら体系化した知識・知恵が実業界において有効活用されることを積極的に支援してくださる方が多く、連絡してみると案外好意的だったりします。

第1章で述べた通り、欲しい情報は執念で取りに行くもの。はなから諦めることなく、ダメモトで直接著者に連絡してみると案外いい情報が得られるかもしれません。

Column

3冊の本からでも未知のテーマの知見を得ることができる

コンサルタントは、詳しく知らないテーマに対しても、短期間で一定の見識を身に付けることが求められます。たとえば、顧客企業がアフリカ市場への進出を思い描いているとして、「アフリカ市場のリスクってどうなのかな？」と漠然と問われることがあります。

一般的には、PEST（Political、Economic、Social、Technological）分析という手法がよく知られていますが、政治・経済・社会・技術面だけ調べる、というのは、一般的すぎてリサーチに着手できません。経済学者や地域研究者であればゼロから調べることもあるでしょうが、ことビジネスにおいては、各側面で昨今どのようなことが喧伝されているかをまずざっと掴み、それを自社ビジネスに関連づけるとどんな影響がありうるかを考え、その上で、裏付けとなる定量データや実例を収集する方が効率的です。

このような場合、たとえば「アフリカ経済の今」や「主なリスクファクターは何か」という肌感覚を身に付けるべく、アフリカをテーマとして扱っている文献を最低3冊は入手し、ざっと読み通しながらキーワードを見つけに行きます。いわば“濫読”です。具体的なイメージを持っていただくため、例として書名を挙げてみます。

1冊目は、『アフリカビジネス』(日経ビジネス編、日経BPムック)という、いわゆるムック本を購入します。図表や写真がふんだんに掲載されており、雑誌のように眺めながら、視覚的に大枠で捉えることが目的です。

2冊目は、もう少しだけ固い本、『経済大陸アフリカ』(平野克己著、中公新書)を読んでみます。著者はアフリカを中心とした地域研究者であり、学識者の視点からアフリカ経済がどのように捉えられているかを垣間見ることができます。固いと言っても新書ですので、肩肘張らずに読むことができます。意外と、知識がなくても読了できる程度の固さ、というのは重要です。

3冊目は、『アフリカビジネス』(経済産業省貿易経済協力局通商金融・経済協力課編、経済産業調査会)です。こちらは経済産業省による調査結果をまとめた資料集としての位置づけです。

3冊をざっと眺めつつ、共通するキーワードを抜き出してみました。このキーワード集について、同じようなものはグルーピングして整理してみると、次ページの図表2－6のようにまとめることができます。

図表2−6　アフリカにおける市場のリスク

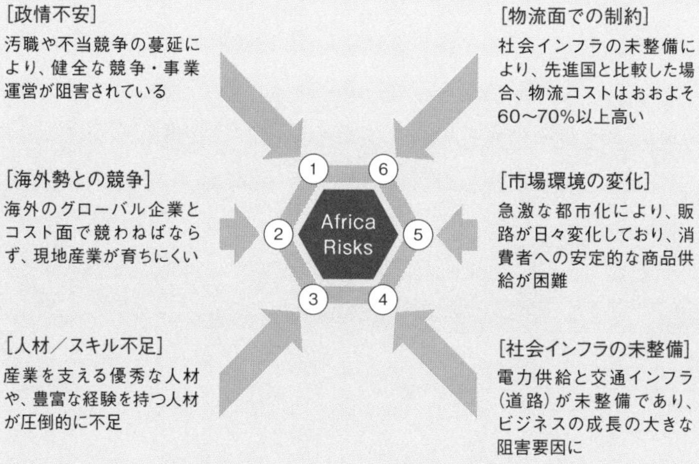

アクセンチュア作成

このように自分なりにホットトピックを整理した上で、必要であればさらにそれを裏付けるファクト（データや実例など）を収集します（このためにも、参考文献リストが充実しているかが、文献選択の際に重要です）。こうすることで、世間に出回っている一般的なリスクのコピー&ペーストに留まらない、自分なりの視角からの、いわば“差がつく”リサーチが可能となるのです。

Point 4

記事検索

記事検索のメリットと注意点

読者の皆さんの多くは日々の情報収集のために、新聞や経済誌をはじめとした各種専門誌を購読されていると思います。これらの記事はマスコミの取材や企業広報に基づいているので、信憑性が高いことが特徴です。すでに要点がある程度まとまっている場合が多いため、私たちのようなコンサルタントも情報ソースとしても活用する機会が多々あります。

一方で記事を単純に転記したようなリサーチ内容では、示唆に乏しく、ビジネスで有効なリサーチとはなりえません。ここでは、効率的な記事検索のやり方を、実際のリサーチ例を踏まえて紹介します。

主な使用シーン

「特定のテーマ（M&A、業務改革、先進的なIT導入etc.）に関する事例を調べる」「ある企業の経営改革の経緯や、特定業界における業界再編の経緯を調べる」といったリサーチをする際は、調査会社が販売している市場調査レポートを活用するのも一つの手かもしれません。しかし、本当に自分が知りたい情報がレポートに都合よくまとまっていることはほとんどなく、また幸いにしてそんなレポートがあったとしても、レポート発行時点（調査時点はさらに前になる）と現在とのタイムラグを埋める必要があります。

そのようなときにも、記事検索はリサーチにおける有効なアプローチです。

ルール：お気に入りの記事検索ツールを見つける

Google検索でも記事検索できますが、効率を考えると有料ツールを使うことがオススメです。ここでは貴重な時間を短縮するためのオススメ有料検索ツールをご紹介します。

◎日経テレコン21

主に日経系新聞の過去記事、日経系雑誌のバックナンバーを見たい場合に有効。

◎G-Search

日本最大級のビジネスデータベースサービス。主に日経以外の全国紙、業界紙を見たい場合に有効。（全国紙、ブロック紙、地方紙の記事全文等の情報、企業概要、財務、人事等、企業に関する情報、各業界の専門紙の記事全文等の情報等を提供）

なお、国立国会図書館の「リサーチ・ナビ」（https://rnavi.ndl.go.jp/）というWebサイトには、Web上で無料記事検索できるサイトが紹介されていますので、ご参考までに紹介しておきます。

テクニック：海外の記事検索ツールにもトライする

Dow Jones Factivaのように、海外の新聞・雑誌等のメディアをカバーしているツールも存在します。適宜、活用してみましょう。

◎Dow Jones Factiva

多種多様な言語、海外メディアの新聞、雑誌などの記事検索が可能。日経系の新聞・雑誌検索は不可。

◎The Economist Historical Archive

19世紀半ばから現代に至る世界の政治、経済、科学、技術、文化に関するグローバルな週刊誌を創刊号以降、完全な形でオンライン利用可能。

◎JIJI-WEB

時事通信社が全国の新聞社、テレビ局などに配信するニュースと同等の内容を確認できるデータベース。政治、社会のほか時事通信の強みである経済、企業、国際情勢など、過去10年分の検索が可能。ロイターやAFP、新華社など提携通信社のニュースも閲覧可能。

テクニック：尖ったキーワードや固有名詞を“芋づる式”に見つける

Web検索と同様に、記事検索でも「代替ワードを探す×組み合わせる」というテクニックは有効です。しかし、それ以上に手がかりとなりそうな“見慣れない”キーワードを見つけることが、深い情報を得られるかどうかの分かれ目となります。

たとえば、インドの流通構造や具体的な流通構造の構築事例についてリサーチすることになったとします。この場合、海外の記事検索にトライして、「India distribution model（インドの流通構造）」や「India channel structure（インドの販売チャネル構造）」といった一般的なキーワードで検索しても、面白い事実は見つかりにくいもの。

そこで、カギとなるのは、「C&FA」や「Kirana Store（キラナ）」といったインドにおける独特の流通プレーヤーの名称です。これを見つけるためには、まずは一般的なキーワードで検索し、出てきた記事の中から、見たことのないキーワードを意識して探すようにします。たとえば、「インドの流通構造」と検索すると、JETROの資料がヒットしますが、この資料の中に「C&FA」「キラナ」というキーワードが出てきます。

ここでさらに、「C&FA」というキーワードで検索してみると、C&FAというのはCarrying & Forwarding Agentsの略称で、日本の8.7倍の国土を持つインド市場において、メーカーにとって重要な役割を果たす独特の中間倉庫・物流業者であることがわかります。日本では、メーカーが自前で持っている配送センターを使うケースが多いので、これはインドの流通構造を把握する上で、おさえておくべきキーワードだといえるでしょう。

同様に、「Kirana Store」というのも見慣れない言葉です。これを手がかりに検索をかけてみると、インドの地方消費者の日々の生活を支えているのは、日本のような小売チェーンやコンビニエンスストアではなく、インド全土に1,200万店を展開する、Kiranaと呼ばれるキオスクのような家族経営の小規模雑貨店であり、Kiranaの隅々にまで商品を行き渡らせられるかどうかが、市場攻略上極めて重要であることがわかってきます。

個別企業について調べるのであれば、なおさらこのテクニックが有効です。たとえば新興国における事業展開で一歩先んじているUnileverやP&Gが、インドでどのような取り組みをしているか調べる場合、「Unilever India」や「P&G India」というキーワードからスタートすると、“Project Shakti”や “Project Golden Eye”という固有名詞が見つかります。ここまでくれば、あとはいくらでも深いリサーチに繋げることができます（これらのキーワードで何が出てくるか、興味がある方はやってみてください）。

一般的なキーワードからは一般的な事実しか出てこないもの。このように、特徴的なキーワードを抜き出し、それを手がかりに真相に迫っていく。いわば“芋づる式キーワード検索術”が求められます。

テクニック：時系列で事象を追う

たとえば化粧品企業のA社が急成長しているので、そのビジネス背景やKSF（Key Success Factor ＝事業で成功するための要件）をリサーチする場面を考えてみます。IRから情報を取ると、成長の山が何段階かあることと、ある時期から急激に成長していることとがわかりましたが、なぜそのような成長を成し遂げたのかがわかりません。

そこで記事検索の出番です。当該企業に関連する複数の記事とIRの財務データを組み合わせると、図表2－7のようなことがわかりました。

図表2-7　A社の主要施策と売上金額推移

化粧品製造販売企業のA社は、訴求力のある商品と他国でも再利用可能な直販ビジネスモデルで一気にグローバル化を推し進めた。

[主要施策と売上金額推移（'88～'09）]

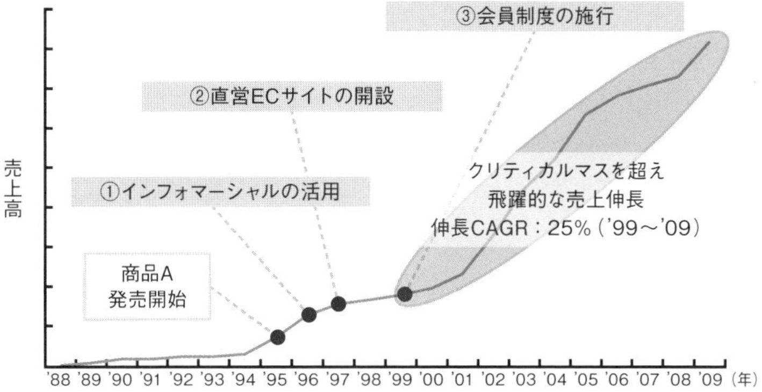

TVショッピングを始めたことを契機に、成長路線になったものの後に成長が鈍化、返金保証の直営ECサイトを立ち上げることで緩やかに成長力が回復、さらに会員制度を設けて顧客との双方向コミュニケーションで丁寧なフォローを行うことでロイヤリティを高めることに成功し、成長力が確固たるものに。確立された直販ビジネスモデルを各国でカスタマイズしながら、一気にグローバル展開したことで飛躍的な成長を遂げた。

出所：報道記事およびA社IR資料をもとにアクセンチュア作成

また、大手企業であれば業界紙等で社長・本部長クラスの幹部が、業界動向や経営戦略を語っているインタビュー記事が出てきます。これらを時系列で追うことで業界の動向や各企業の戦略の方向性を掴むこともできます。

実は私たちコンサルタントもこれまでお付き合いの少ない企業からの依頼を受ける際は、こういったインタビュー記事を一通り把握することをプロジェクト開始前にすることがよくあります。定量データに記事検索で得られる様々なファクトを組み合わせることによって、より示唆のあるリサーチアウトプットが作成できるのです。

Column

“フェイクニュース”に気をつける

SNS、ブログ、Webサイトなど、誰もが情報発信を容易にできるようになり、Web上に情報が氾濫するようになったことで、営利目的や政治的目的などから誤った情報をあえて発信・拡散する“フェイクニュース”の数も見過ごせない数になりました。また、URLが本物のような偽メディアのページが登場したり、AIを活用した画像・動画等の処理技術の向上や編集ツールへのアクセスが容易になったことから、本物と見分けのつきにくい“ディープフェイク”が登場し、画像や動画さえ信用できない状況になっています。今では大手報道機関でもSNSを通じて情報収集を行っており、悪意がなくともフェイクに引っかかり、誤った情報を発信してしまう例も出てきています。直近では、コロナウイルスの流行初期に、全く根拠のないフェイクニュースが流れ、人々がトイレットペーパーを購入しに店へ殺到し、商品が売り場から消えたことなども記憶に新しいでしょう。

リサーチを行う我々としても、常にリサーチ・リテラシーをアップデートし続け、フェイクニュースに太刀打ちしていくことが重要です。ここでは、専門家でも判断が難しいと言われるフェイクの判断について、情報の受け取り手である我々が具体的にできるファクトチェックのアクションをいくつか紹介します。とはいえ、これらのアクションを取ったとしても、絶対にフェイクではないと言い切れず、最後に判断するのは自分自身に他ならないという覚悟を持って、Web上の情報をリサーチに活用してください。

Web上の情報の信頼性を判定するときに心がけるべき4つのポイント

①発信元を確認する

発信元が名の知れた実績のある大手メディアや、公的機関等の名前を冠しているメディアの場合、情報の信憑性は存在意義に関わる問題となるため、客観的にメディアが自ら進んで誤った情報を発信する行動に至るとは考えにくく、厳しいファクトチェックを行った上で情報を発信していると考えてよいでしょう。

②出典を確認する

発信元が信頼に足るものでも、引用記事の場合は、誤って引用しているケースもあるため、併せて出典を確認することが重要です。記者クラブでの質疑応答のような公の場での発言や、公式のプレスリリース等が情報ソースであればまず問題ないですが、個人のSNSや名の知れない中小メディアがソースの場合、それらが本当に信頼に足るものであるか確認が必要です。出典がどのようなコンセプトのメディアで、運用実態がどうなっているのか、過去の発信情報も信頼に足るものか、運営しているのは誰か、メディアに対する世間の評判などを確認し、複合的に信頼性を見極めます。また、先ほども触れた“ディープフェイク”にも気をつけ、動画や画像の存在が必ずしも事実を担保するとは言えないことに留意します。

③記事内の意見と事実を峻別する

記事は学術文書と異なり、事実に対して発信者の意見が付記され、時折センセーショナルに書かれるケースも少なくありません。この“意見”の部分を拡大解釈して拡散すること自体が、“フェイクニュース”として取り扱われるケースもあり、注意が必要です。リサーチを行う我々は、あくまで第三者として常に中立的な立場を持ち、バイアスを取り払いながら“事実”の部分を押さえ、“意見”の部分については、情報収集の一観点・仮説構築の一アイデアを与えられたものと捉え、別の情報ソースと比較・参照しながら活用を見極めます。

④同一の情報について複数のメディアの記述を比較する

複数のメディアが同じ事実に直面し、各々同じ情報を発信しているのであれば、より信頼性の高い情報であると判断してよいでしょう。ただし、他メディアの記事が複数存在しても、同じ出典から、メディア同士が引用に引用を重ねて拡散しているケースもないとは言い切れないため、必ず出典のチェックは行うべきです。また、複数のメディアの内容を比較・参照することで、“事実”が共通点として炙り出され、同時に③の“意見”と“事実”の峻別にも大いに参考になります。

Point 5 公的調査・統計活用

無料で信頼性も高いリサーチの鉄板技法

行政や各種公共団体から公表されているデータは、ほとんどが無料で入手でき、かつ比較的信頼性も高い情報源ですから、使わない手はありません。すでに習熟している方にとってはなんということはない情報収集の基本かもしれませんが、初めは「どこに何があるのか」「どのような点に注意して使うべきなのか」を、手探りで試行錯誤しながら慣れていく必要があります。

ここからは、その試行錯誤プロセスを軽減すべく、公的調査や統計活用における基本的なリサーチの仕方や、データを見る際に注意すべきポイントについて解説していきます。

主な使用シーン

公的調査・統計情報は、国や地域、業界のマクロなトレンドを数値で追う場合や、市場規模など様々な推計をする際のベースデータです。特に人口動態や物価指数といった国家単位での調査が必要となるデータは民間調査レポートではとれませんので、公的調査・統計情報は重要な情報源と言えるでしょう。

一方、公表されているデータはあくまでベースデータであり、このデータだけではインサイトは出ません。実際のリサーチでは、公表されているデータ同士、あるいは公表データ×自主調査データなどを組み合わせて使うことが求められます。

テクニック：総務省統計局をハブとして活用する

一口に国際機関といっても、たとえば通貨や金利に関しては国際通貨基金（IMF）、労働力ならば国際労働機関（ILO）、一次産品であれば国際連合食糧農業機関（FAO）や経済協力開発機構（OECD）など、分野によってあたるべき情報源は異なります。欲しい情報がどこにありそうかあたりをつけたいときは、総務省統計局のサイト（https://www.stat.go.jp/info/link/4.htm）で各国際機関の概要が一覧になっていますので、参照するとよいでしょう。

テクニック：海外マクロデータはまず世界銀行をあたる

各国の人口、GDP、GNI等のマクロ経済指標を求める場合、まずは「世界開発指標（World Development Indicators、WDI）」（https://data.worldbank.org/country/japan/japanese）をあたります。これは世界銀行が運営しているデータベースで、214の国・地域の行政・中央銀行と連携し、過去50年分以上のデータを所蔵しており、1,300の時系列指標など数多くの指標を参照することができます。ランキングやグラフとして表示することもできるので、非常に便利なソースです。

また世界銀行はマクロデータだけでなく、国際機関が世界各国で実施した世帯調査や企業調査などのマイクロ（個票）データもMicrodata Library（https://microdata.worldbank.org/index.php/home）として情報をとりまとめています。関心のある国やキーワードで検索して特定の調査を選択すれば、ブラウザ上でデータの概要や基本統計を確認できるほか、利用規約で認められる場合は個票データを入手して詳細な分析をすることも可能です。

ルール：国際比較には個別の政府機関でなく国際機関の統計を活用する

各国の政府機関にも基本的に統計情報は載っています。しかし、情報公開の進んでいる先進国以外では、十分なデータが公開されていない（そもそも統計がとれていない）ことが多々あります。また、データが公開されていたとしても、データの収集方法や定義が異なっているなど、国際比較に使うには注意が必要です。

その点、国際機関の統計は、各国のデータが一元的に見られるので効率的ですし、国連が中心となって作成している「国民経済計算（System of National Accounts、通称SNA）」という体系に基づいてデータ収集方法や集計方法が標準化されていますので、基準が揃っているという点でも安全です。

テクニック：国内マクロデータはまずe-Statをあたる

日本の統計に関しても、省庁ごとに似たような統計があったり公開方法が異なるため、個別省庁を直接あたるのは得策ではありません。

政府系の統計データを探す場合は、まず総務省統計局が中心となって運営している「政府統計の総合窓口」e-Statを見てみましょう。総合窓口というだけあって、これさえ見れば政府系の統計はほぼカバーできます。収録されているデータは極めて多岐にわたるため、政府統計名が不明の場合でも、「分野」や「組織」等から絞り込むことで統計データにたどり着くことができます。

なお、統計局は「統計メールニュース・サービス」というメールマガジンも提供しています。月初、月中、月末程度の定期で、どのような統計が新しく公開されたかを簡潔に伝えてくれるサービスで、これをざっと眺めておくだけでも、何か統計を探そうというときに、「そういえばメールに載っていたな」と思い出すことができます。

図表2−8　統計メールニュース・サービスのサンプル

総務省統計局
https://www.stat.go.jp

統計メールニュース No.1529(2023.1.31)
このメールは、配信登録された方に無料で送信しています。

【本日の公表データ】
■サービス産業動向調査(2022年11月分(速報))
○月間売上高は32.1兆円。前年同月比4.6%の増加
○事業従事者数は2935万人。前年同月比0.5%の増加
https://www.stat.go.jp/data/mssi/kekka.html

□家計調査、労働力調査、小売物価統計調査を始めとした統計調査へのご理解・ご協力をお願いします。
「変化が見える、くらしに役立つ　統計調査」（統計調査紹介ムービー）
https://www.youtube.com/watch?v=cx0D6_pbecY&list=PLwziZjhYLH6Xfj99EmU3yP268idJByZjh&index=1

□誰でも無料で学べるオンライン講座「誰でも使える統計オープンデータ」開講中

出所：総務省統計局(https://www.stat.go.jp/info/mail/back.html)

テクニック：特定の業界についてはまず業界団体をあたる

官公庁が発表しているデータは、カバー範囲が広い代わりに深さは求められません。特定の業界、たとえば清涼飲料業界でいえば、カテゴリー別市場規模くらいなら取得できるかもしれませんが、さらに細かい情報、たとえば清涼飲料の容器別（PETボトル・缶・紙容器など）年次生産量推移、といった細かいデータまでは入手できません。

そのような場合に心強いデータソースは、省庁の外郭団体や、各業界の業界団体の統計レポートです。 この例でいえば、清涼飲料各社が加盟している「全国清涼飲料連合会」のサイト上で、無料公開されています。

自分がリサーチしようとしている業界にはどのような団体があって、どんなデータを公表しているのか、一度概観してみることをお勧めします。

テクニック：未公開データでも制度を活用して獲得する

官公庁や独立行政法人が公開しているデータや資料を使おうとするとき

に、切り口を変えて（データの粒度を変えて）見たい場合があります。たとえば、性別・年代別・カテゴリー別の消費支出は公開されているが、さらに地域別にも消費動向を見たい、といった場合です。公的機関が公表しているのは、膨大な調査結果の一部に過ぎませんので、公開データの裏には集計前のデータがあるはずです。

まず試してみるべきは、官公庁であっても直接連絡して尋ねてみること。相談に乗ってもらえたり、詳細データの取得方法を案内してくれることもあります。

参考までにご紹介すると、「オーダーメード集計」制度というものがあります。「オーダーメード集計」とは、利用したい統計表が公表されていない場合、任意のフォーマットでの統計データを行政に依頼できる制度です。また、「匿名データの提供」という制度もあります。これは、行政が実施した統計調査の個票データを、個人や団体が識別できないよう加工した上で、一般に提供する制度です。

これらの公的統計ミクロデータの利用（統計データの二次的利用）は、政府のミクロデータ利用ポータルサイトmiripo（https://www.e-stat.go.jp/microdata/）から利用することができます。

図表2−9　miripo

出所：miripo（https://www.e-stat.go.jp/microdata/）

ただし、どちらの制度も学術研究を目的とした請求しか認められていないということに注意してください。

集計前のデータではなく、何らかの「文書」を取得したい場合には「情報公開請求制度」を試してみる手もあるでしょう。2001年に施行された「情報公開法」では、行政機関や独立行政法人に対して誰でも情報公開を求めることができ、また原則として開示される、と定められています。事実、公開請求に対して約9割の文書が開示されているようです。

注意点として、個人や国家安全保障に関する情報は開示されないこと、開示請求には1件につき300円（オンラインでの請求の場合は200円）の手数料が必要なこと、開示・非開示の結果通知には30日程度かかる、ということが挙げられます。

ルール：調査頻度・サンプルサイズに着目する

ここからは、公的調査・統計データを使う上で、注意すべきポイントをいくつか紹介します。最初に、調査頻度とサンプルサイズ（標本の大きさ）についてです。

たとえば、国内の消費・支出水準の動向を捉える場合、実は複数の調査があり、それぞれに下記のようなメリット・デメリットがあります。

総務省統計局の「全国消費実態調査」
…サンプルサイズは大きいが、5年に1回の実施で、直近の動向は捉えにくい
⇒大きなトレンドを捉えるときに有効

総務省統計局の「家計調査」
…毎月発表されるが、サンプルサイズが小さいので変動が大きい
⇒速報性が求められるときに有効

このように、政府統計だからといってすぐに飛びつくのではなく、調査の

やり方や短所長所を確かめるようにしましょう。政府統計であれば、統計の概要として、サンプルサイズや実施時期は必ず明記されています。

なお家計支出については上記2つの調査の他に、所得再分配調査、国民生活基礎調査からも同様に把握することが可能です。

ルール：指標の定義や算出方法に気をつける

よくニュースなどで耳にする「消費者物価指数（Consumer Price Index、通称CPI）」とは、日本国内の世帯が購入する、財やサービスの平均的な価格を指数化したものです。総務省が「家計調査」から「世帯が何に対して多く支出しているか」に基づいて基準となる品目を決め、その品目の価格を「小売物価統計調査」から算出し、毎月公表しています。景気動向を生活者の視点から把握する目的でよく使われる指標です。

消費者物価指数を見る際に留意すべきポイントは、「原数値」と「季節調整値」の違いです。消費者物価指数は月次で公表されるので、前年同月と比べる場合には問題ないのですが、先月と比べてどうか、という見方をしたい場合、困ったことが起こります。

たとえば、1年の中でも「夏は暑いのでアイスやビールがよく売れる」「何かと支出の多い年末年始後の2月や暑さの厳しい8月は支出が下がる（通称“ニッパチ”）」、あるいは「シーズンの初めは高値で、終わり頃になるとセールで値下がりする」といった、毎年決まった季節変動があります。これを無視して単純に比較すると、トレンドを大きく見誤ることになるのです。そのため、そういった周期的な変動を除いたものを、「季節調整値」として公表してくれています。物価指数だけでなく、GDPや完全失業率など季節性がある指標は皆、季節調整値が公表されていますので、それを使うようにしましょう。

また、国内総生産（GDP）もよく耳にする経済指標の一つですが、GDPには「名目GDP」と「実質GDP」があります。「名目」とは、私たちが実際に支払う額面通り、という意味で、一方「実質」とは、物価変動の影響を取り除いたものです。たとえば、ある年に100円で買えたものが、翌年、原材料の値上がりで150円になり、生産量は変わらなかったとします。これは、生産されている財の実質的な価値は変化していないにもかかわらず、財の額が増えたということ。極めて単純化すると、この場合実質GDPは変わらず、名目GDPは1.5倍になったということになります。一方、価格は100円のまま、生産能力や需要が増えて生産量が1.5倍になった場合、名目GDPは1.5倍、実質GDPも1.5倍となります。さらに言うならば、生産コストが下がって価格が50円になり、生産量が2倍になった場合では、名目GDPは変わらず、実質GDPは2倍になります。

要するに、名目GDPでわかるのは、物価上昇の影響と経済成長の影響を合算したもの。実質GDPでわかるのは、生産性や実需の変化率といえます*3。指標が表す変化の中身をきちんと理解した上で、場合によって使い分ける重要性がおわかりいただけたでしょうか。

テクニック：基準の揃え方にこだわる

複数の国の消費水準や物価水準、GDPを比較して、どのくらいの開きがあるのかを見る、といった場合、最も重要なことは「いかに基準を揃えるか」です。

たとえば、2014年の米国のGDPは約17兆USドル、対して日本は約530兆円です。これをどう比較すべきでしょうか。単位を揃えなければ比較できないので、わかりやすくUSドルか日本円に換算して比較しようとするわけですが、単純に実効為替レートで通貨換算すると問題が出てきます。為替レートは、1）貿易の対象にならない国内の物価（教育、医療、建設、政府サービス等）は反映されない、2）投機や国家間の資本移動の影響を受けやすい、3）国によっては各国中央銀行の介入を受けるという特性があります。国によって経済に占める国際貿易の割合は異なりますし、今後の経済発展の見通しによる投機マネーの集中度合いで評価されることになるので、その時

*3　名目GDPを実質GDPで割ると、インフレあるいはデフレの程度を表す指数（GDPデフレータ）になる。

点での経済力（この場合は国内総生産）がきちんと反映されていないことになってしまいます。

こういった問題への対処法として、より正確な比較方法とされているのが、購買力平価（Purchasing Power Parity、通称PPP）による換算です。購買力平価とは、「同じ物品を買うのにいくら必要か」というモノ基準で通貨の価値を推定する考え方。1921年にスウェーデンの経済学者グスタフ・カッセルによって提唱されました。この考え方に則れば、たとえば食パン1斤がアメリカでは1ドル80セント、日本では230円だったとすると、230 ÷ 1.8で1ドル＝128円となります。これを世界銀行の「国際比較プログラム（International Comparison Program. ICP）」が全世界規模で算出しています。

実務上は実効為替レートで簡易的に換算することが多いのも事実ですが、経済学の領域においては、経済力の国際比較ではPPPレートを使うことが基本的なやり方なので、経済発展著しい新興国や、中央銀行の介入が為替レート決定に大きな影響を及ぼしている国を含めた比較をしようとする場合、PPPレートによる換算という方法があるということも覚えておいてください。

ちなみに、この購買力平価の考え方に基づいて、各国の経済を横並びで比較する指標として有名な「ビッグマック指数」というものがあります。これは英国の経済誌『エコノミスト』が毎年公表しているもので、世界各国でほぼ同品質で販売されているマクドナルドのビッグマックの価格を基準として、各国通貨の為替レートが割高か、割安かを測ろうというものです[*4]。

経済指標には珍しく、身近な物の名前がついていて親しみやすいのですが、各国の消費税率が考慮されていなかったり、各国における関税制度（原材料費に影響）の視点が抜けていたり、また国によってビッグマックの大きさがそもそも異なるなどの問題点があります。しかし、比較材料が極めて乏しい状況においてクイックに各国の経済状況を把握するのには役立ちます。

＊4　スターバックスのラテを使った「トール・ラテ指数」も同じような指数として知られる。

テクニック：プッシュ型の情報収集で経済指標を日常に取り入れる

景気指標や金利や為替などの指標に慣れるためには、日々継続的に触れることがなにより重要ですので、プッシュ型の情報収集をするとよいでしょう。たとえば、多くの金融機関には為替相場情報を毎朝通知してくれるメールサービスがあります。仕事を始める前に、「あれ、昨日より米ドルが下がっているな」とか「ユーロは上がっているな」と、目にするだけで経済を大局的に見る力が養われ、仕事でも活かせるはずです。

ただし、毎日見るのはせいぜい3～5指標程度に留めましょう。あれもこれもとやみくもに広げてしまうと、変化を感じられず、ただ視界を通り過ぎるだけになってしまいます。物価指数や失業率といった月次で発表されるものは、指標だけでなく解説がついているものをプッシュ型で配信されるようにしておくことをお勧めします。「前月に対して上がったのか下がったのか」「何が影響しているのか」、アナリストのコメントや解説を読んだ方が、効率的に情報収集できます。

Point 6

民間調査レポート活用

民間の調査レポートを使う際の注意点

特定業界や特定テーマの情報を入手する有効な手立てとして、既存の調査レポートの活用が挙げられます。世の中には有料・無料のレポートが種々存在しており、それらを入手することで、ある程度深みがあり体系化された情報を効率的に得ることができます。ただし、安易に購入すると、「実際は買ってみたものの まったく使わなかった（使えなかった）」というようなことに陥りかねません。

本節では、そのような落とし穴に陥らないためのキーポイントを紹介します。

主な使用シーン

ある程度深みのある情報、特に定量データを最も効率的かつ迅速に得られる手段が「既存の調査レポートを入手する」こと。世の中には、特定の業界やテーマを調査レポートとして外販する専門の会社が多数存在しており、そのような会社が発刊しているレポートを購入する（無料の場合もある）のが有効な手であることは言うまでもありません。

たとえば、とある商品セグメントの市場規模や特定技術の市場規模を様々な切り口（地域軸、顧客軸、使用目的軸、価格軸等）で知りたい場合、特にこれまでの実績のみならず今後の予測も含めて知りたい場合に、これら調査会社のレポートを活用するのが有効です。

筆者の経験上、かなりマニアックなテーマや業界においても、大抵の場合なにがしかの有料・無料のレポートが存在します。これらレポートは前述の政府によるマクロデータやWeb検索・記事検索とは異なり、作成した会社の知見をもとに、体系化・構造化されています。データも調査会社によってスクリーニングされていますので、Web情報よりも信憑性が高いと言えるでしょう。また文献のように著者によるバイアスを意識する必要もありません。

ただし、そのまま活用できるケースは少なく、たとえば、調査レポートによって業界・市場の定義が異なり加工が必要なケース等もあるため、あくまでリサーチワークにおける土台と位置付けて活用するのがよいでしょう。

ルール：メジャーな調査会社を知る

前述の通り、大抵の業界に関してなにがしかのレポートがあるものであり、これらを作成する調査会社も、幅広い業界を押さえている大手から、特定業界に特化したニッチな調査会社まで複数存在します。

ここでは、幅広い業界を押さえているメジャーどころの調査会社をいくつか紹介します。

図表2−10　調査会社（市場調査系）

社名	特徴
GlobalData	世界25か国に3,500人のグローバルな専門家集団を擁する調査会社。消費財業界を始めとした幅広い業界を網羅しており、業界固有のレポートを提供
Datamonitor	グローバルベースの定番的な調査会社。電機・通信から自動車、消費財、エネルギー、金融、物流、医薬品・ヘルスケア、小売り等幅広い業界を対象とし、市場調査・分析、主要企業のプロファイルに加え業界動向のニュース配信等のサービスも実施
Euromonitor	こちらもグローバルベースの定番的な調査会社。消費財業界を中心に各業界ごとのそれぞれの市場動向、ホットトピックや主要企業のプロファイル・分析も提供
矢野経済研究所 富士経済	国内を中心に、幅広い業界を対象としたレポートを提供

アクセンチュア作成

図表2−11　調査会社（ハイテク業界特化系）

社名	特徴
IDC	両社ともグローバル規模で著名なIT/ハイテク業界特化型調査会社。業界全般の市場規模から個別の技術に至るまで幅広く市場調査・分析を提供。また市場規模の予測に留まらず、テクノロジーのトレンド・発展予測に関しても独自の分析を提供
Gartner	

アクセンチュア作成

図表2−12　調査会社（企業調査系）

社名	特徴
帝国データバンク	調査先企業への直接取材をベースとし、沿革、経営者、役員、株主、事業目的、取扱品、取引先、財務内容、今後の見通しや、財務格付け等の情報を提供。両社とも上場のみならず非上場の企業についての情報も提供。企業の信用調査や、顧客データ作成などにも活用される
東京商工リサーチ	

アクセンチュア作成

上記以外にも銀行や証券各社（あるいは傘下のシンクタンク）が、業界動向分析や個別企業の分析（ベンチマーク）レポートを発行しており、多くは無料で得ることができます。これら金融系各社が出すレポートは、企業各社の財務面についての視点が含まれているのが常であり、財務面でのパフォーマンスを知るのに極めて有効です。

また、海外市場についての情報を得たい場合、JETROの調査レポートを活用するのも手です。JETROは経済産業省の傘下の独立行政法人として日本企業の輸出振興および海外投資の振興をミッションとしており、世界中に拠点があります。その拠点網を活かし、各国・テーマ別の各種調査レポートを発刊し無料で提供しています。特に特定国・テーマでの海外市場の調査や、日系企業の海外ビジネス動向・トレンドに目を向けた調査をする場合には有効な情報源です。特に、最新の政治経済情報が入手しにくい新興国・途上国については、JETROの研究所であるアジア経済研究所で詳しいレポートや報告書が随時公開されています（https://www.ide.go.jp/Japanese.html）。

ステップ①：まずは「社内で探す」

レポートの効率的・効果的な活用方法について見ていきましょう。

大きく分けると4つのステップで考えることができます（図表2－13）。

図表2−13　有料レポート活用のステップ

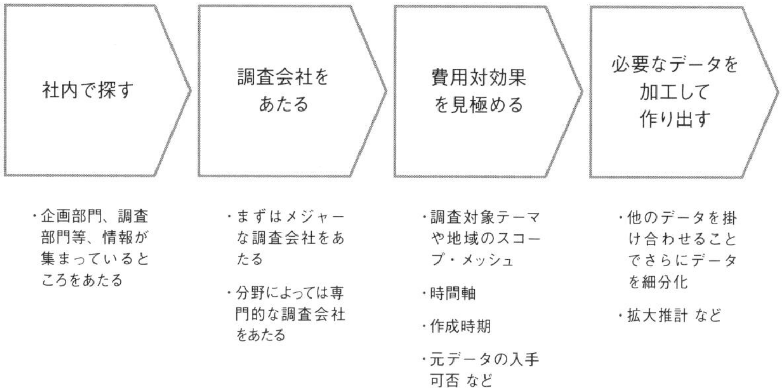

アクセンチュア作成

まず最初は、とりあえず社内で使えそうなレポートがないか探してみます。というのも、大概このような調査レポートが必要となる業界やテーマについては、社内で何らかの調査が過去になされていたり、使えるレポートの購入経験があるケースが少なからず存在するからです。したがって、まずは社内で知見がありそうな人・部門に、欲しいデータとそのデータが入手できそうなレポートや調査会社について聞いてみる方が早い場合があります。また、この社内確認をやっておかないと、同じ会社や部門内で同一レポートを複数購入していることが後から判明し、無駄な出費が生じる原因にもなりかねません。

戦略立案や計画立案をする戦略・企画部門においては、大抵定番のレポートを定期・不定期で購入していることも多いので、まずは第一歩として、そういった部門に確認することをお勧めします。

ステップ②：目的に応じて「調査会社にあたる」

まずは社内であたり、必要なレポートがない場合は、調査会社を活用します。その際のポイントをご紹介しましょう。

調査会社は幅広い業界を押さえている大手から、特定業界に特化したニッチな調査会社まで様々存在しますが、まずはその業界で王道ともいえる大手の調査会社からレポートの有無を確認していくことが定石です。その理由は、大手の方が幅広くデータを持っているので必要なレポートにあたる確率が高い（つまり探す効率が高い）こと。また、大手であるがゆえにデータの信憑性・信頼性が高いことが挙げられます。

メジャーな調査会社ではカバーしきれない、ニッチな領域に関するリサーチが必要となるケースもしばしばあります。そのようなケースでは、領域特化型の調査会社を活用することが有効です。

ステップ③：有料レポートは「費用対効果の見極め」が肝要

調査会社は、調査レポートの販売による収入で会社を運営しているわけですから、使えるレポートは有料のものがほとんどです。中には無料のものもありますが、データの鮮度が落ちたり、サマリーのみで深掘りできません。

特にニッチな業界やテーマであればあるほど、購買層も限定されるため、レポート金額が高く設定されがちです。したがって、限られた情報で「このレポートが買うに値するか？」「金額に見合った内容か？」を見極めるのも重要なポイントです。

昨今、有料のレポートはほとんどネット上で検索でき、大抵の場合、概要がネット上に掲載されています。概要情報をもとに、購入にあたって確認しておくべき項目が、①調査対象テーマや地域のスコープ（範囲）・メッシュ

（粒度）、②時間軸、③作成時期、④元データの入手可否の4点です（図表2－14）。

図表2−14　調査レポートを購入するにあたって確認する4つの視点

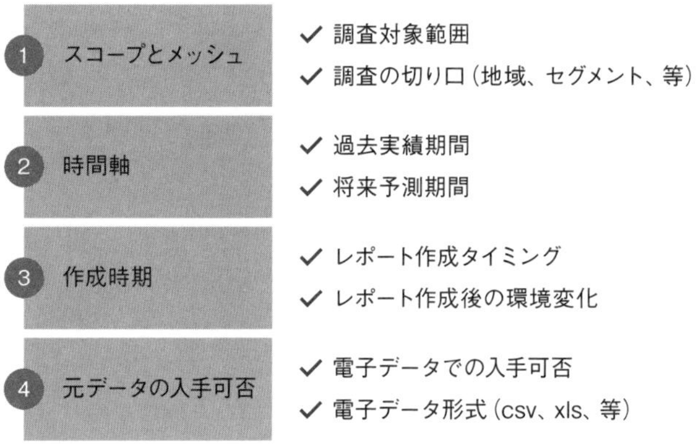

アクセンチュア作成

1）調査対象テーマのスコープとメッシュ

最も重要なのがこの項目。調べたいことに対して合致した内容か否かをテーマ軸や地域軸、セグメント軸等様々な軸でまず確認します。これは目次からも判別可能ですが、可能であれば無料サンプルを取り寄せると、なお具体的なイメージが湧いてよいでしょう。大抵調査会社に依頼すれば数枚の抜粋版をサンプルとして送付してもらえますので、この労を惜しまないことが調査レポート選定において重要なポイントです。

ただし、欲しい市場セグメントや地域の切り口がピンポイントで得られることは極めてまれです。したがって、「どのデータを使えば最も蓋然性の高い推計ができそうか」という視点で各レポートを比較することが重要です。

一般的には、粒度（メッシュ）が細かければ細かいほど様々な加工・集計ができますので、粒度の細かさに着目するのは大切です。

2）時間軸

次にレポートの時間軸（期間）を確認します。過去10年間の実績＋今後の予測5年間くらいの時間軸でまとまっているレポートが多いように見受けられますが、果たしてこの時間軸で今回実施したい調査・分析に足りるか否かを見極めます。ただし、欲しい時間軸にぴったり合った情報が得られないことも多いので、そういう場合は推計していく他ありません。

3）作成時期

意外と見落とされがちなのが、「いつ作成されたか」という視点。特に将来予測をしているレポートは、作成時点で予測しうる将来のイベントを前提に市場規模等を推計していますので、作成時期以降にインパクトある環境変化が生じている場合は、作成時期時点の将来推計は何の意味も持たなくなってしまいます。

たとえ1年程度前に作成され、ある程度情報鮮度が担保されていそうなレポートだったとしても、その後大きな環境変化が生じている場合、レポートの信頼性は大きく損なわれます。たとえば、東京オリンピック・パラリンピック開催決定後に、それを考慮した上で日本における建設市場規模の将来推計をしている場合と、開催が決まる前に、それを考慮しないで同様の市場規模を推計している場合とでは大きな乖離が生じることが容易に想像いただけるでしょう。もちろん、きちんとしたレポートであれば、将来に影響を及ぼしかねない因子を特定した上で、それらが起こった場合と起こらなかった場合の両パターンを推計し、幅で将来予測を出しているものもあります。

このように、「作成時期」が極めて重要であることがおわかりいただけたかと思いますが、一般的に2年以上前に作られたレポートは情報の鮮度が劣るため、使用しないのが無難でしょう。

4）最後の確認ポイント「元データがもらえるか」否か

ここまでくるとほぼ購入するかどうかが決まりますが、最後に確認すべきポイントがレポートの元となるデータがもらえるかどうかです。

たとえば、市場規模の実績と将来予測に関してのレポートを購入した場合、そのデータを改めて読み取って手入力する手間は膨大で時間的なロスが発生します。そのような無駄な工数をなるべくなくすのも効率的なリサーチの鉄則ですので、なるべく自分で加工しやすい形（エクセル形式が通常）で調査会社から入手できるかどうかを確認することが重要です。

ホームページ等に何も記載がない場合であっても、問い合せてみればもらえるケースがありますので、決してあきらめずに問合せ・交渉してみるのが重要です。

ステップ④：内容はそのまま使わず「必要なデータは加工して作り出す」

前述の通り、調査レポート自体は効率的にある程度の情報を得る有効な手段ではありますが、知りたい情報がそのままピンポイントで得られることはまれです。より具体的なビジネス上の戦略立案・計画立案のためには、さらに細かい粒度での情報や、別の軸でセグメントを区切った情報が必要です。

このような場合、レポートで得られた情報をそのまま意思決定のためのデータとして使用すると、判断を誤る結果を生じかねません。ですから、調査レポートで得られるデータは、あくまで「意思決定するために必要なデータを導出（推計）するためのベース」と捉えることが重要です。加工の仕方は目的に応じて様々ですが、基本的には、他の根拠となるデータを掛け合わせることで、さらにデータを細分化したり、拡大推計したりします。

ルール：調査手法・算出根拠はよく確認しておく

多くの調査レポートは、前述の政府や業界団体が発行しているマクロな統計調査情報がベースとなっています。これに加えて、その特定テーマ・業界に応じて、サンプルとなる企業に対してヒアリングを実施し、拡大推計して市場規模などを算出している場合が多く見受けられます。

したがって、その調査レポート自体も多くの仮説・推計をもとに作成されているので、信頼性・信憑性に疑義がある場合もあることは否めません。たとえば、レポート記載の数値と実態のビジネスの数字の規模感がどうしても合わない、ということもたまに起こります。そのような場合は、レポート自体を使わず、自ら推計で算出する割り切りも必要です。

また調査手法や算出根拠が異なるため、同一テーマで複数の調査会社レポートを併用する場合も注意が必要です。たとえば、同じパソコンの市場規模の将来予測がGartner社とIDC社という二大IT系調査会社でも異なる、ということもありえます。特に将来予測は何が正しいか一概には言えないので、リサーチの文脈に合った、より信憑性の高い調査会社のデータを基軸に調査・分析を進めるのが定石と言えるでしょう。

第3章

10のリサーチ技法②
『情報をつくる編』

第3章では、情報を「つくる」リサーチ技法を紹介します。具体的には、下記の5つの技法について、ポイントやテクニックを解説していきます。

- アンケート調査
- ソーシャルリスニング
- フィールド調査
- インタビュー
- ワークショップ

Point
1 アンケート調査

強力だが「やってみただけ」で終わる可能性も高い調査

“つくる”リサーチ方法の中でも、最も代表的な手法がアンケート調査です。しかし、簡易であるがゆえに、「とりあえずやっただけ」で終わってしまいがちな手法でもあります。皆さんの中にも、「アンケートを取ってはみたものの、たいして次のアクションに活かされず机の肥やしに……」というような経験をされた方も多いのではないでしょうか。

良質なアンケートを行う方法は、規模、目的、シーンによらず共通であり、習得すれば汎用性の高い強力なリサーチの武器になります。ここからはそのポイントを、例示を交えてご紹介します。

主な使用シーン

「簡易に定量的に対象者について調べられる」という利点から、研修や講演会参加者の満足度調査といった日常的な場面から新規事業立案のための消費者ニーズ把握といった戦略立案の場面まで、幅広い目的、シーンで多用されています。

アンケート調査設計は図表3－1の4ステップで進めます。

図表3-1 アンケート調査の作業ステップ

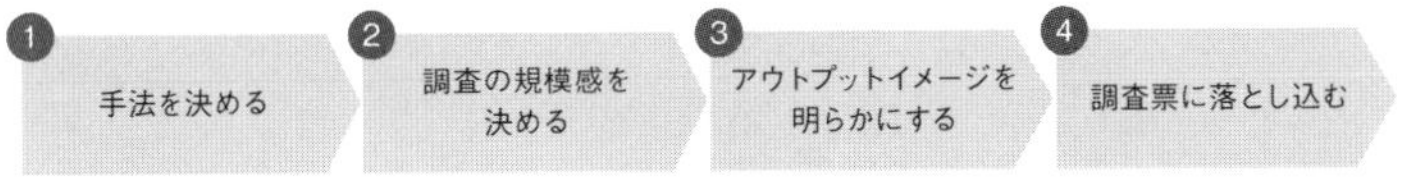

アクセンチュア作成

ステップ①：手法を決める

所属する組織への調査や研修会後のアンケートなど、対象が明確で近くにいる場合は、直接紙を渡すかメールを送付することでアンケートは可能です。しかし、消費者調査など不特定多数にアプローチする場合には、インターネット、電話、対面などアクセス手段を選ぶ必要があります。

一昔前はインターネットでアプローチしにくいシニア層などに調査をかける場合には、電話で対応することもありました。インターネットの全世代への普及率が高まった現在では、ほとんどの場合、最も安価で簡易な手段であるインターネット調査で事足ります。

インターネット普及期の課題であった、「インターネット活用層と一般層との特徴の乖離」も現在ではほとんどなくなったと言ってよいでしょう。シニア世代は依然として比率は少ないものの、回答者を集める際に、性別・年代別にそれぞれ必要なサンプルサイズを設定すれば問題ありません。

ただし、インターネット調査は対面に比べると回答の信頼性に限界があることを十分理解した上で活用する必要があります。当然のことながら、人は対面で直接問われた方が真面目に答えようとしますので、回答の信頼性という観点では明確に「インターネット＜電話＜対面」という順番です。したがって、消費者自身の過去の経験や現在の活動など、回答する側が深く考えずともすぐに回答できる設問についてはインターネットで事足りますが、そうでない場合はコスト・手間をかけてでも対面で実施する必要があります。

図表3−2　調査手法の利点と限界

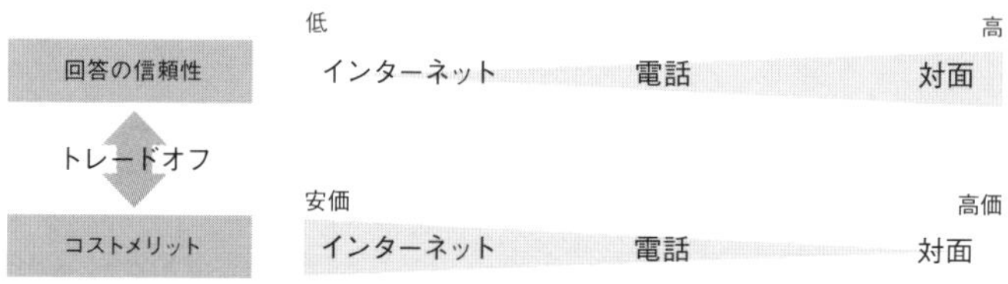

アクセンチュア作成

回答する側が深く考えないといけない質問とは、すなわち消費者自身が未だ経験したことのない未来に関する質問や、新しい商品・サービスの購買意向評価などが代表例です。このようなケースでは、セントラルロケーションテスト（対象者に会場に来てもらって実施する調査手法）などにより対面定量調査を行ったり、インターネットでの定量調査の限界を補完するために併せて少数へのインタビューを行うことで対応することもあります。また、こうした回答の信頼性を高めるために、対象者がしっかり答えてくれるよう、アンケートの設問数や設問の流れ、文章のわかりやすさには十分に配慮する必要があります。ここは特に重要なポイントですので、後述の「ステップ④調査票に落とし込む」のパートで詳細に触れます。

ルール：サンプルサイズ×設問数の費用相場感を持つ

消費者調査など不特定多数に対してアンケートを実施する場合には調査を外部に委託することも多く、具体的な調査設計に入る前に予算感を明確にし、委託先を選び契約を進めていく必要があります。多くの調査会社では、アンケート方法（インターネットか電話かなど）ごとに、「サンプルサイズ×設問数」で調査費用が設定されていますので、予算感を知るためには、手法だけでなく大まかなサンプルサイズと設問数も考えておきましょう。

たとえば、国内でWeb調査を行う場合、調査会社にもよりますが、だいたい100名×30問で20万円程度、1,000サンプル×50問で100万円程度、さらに海外の場合には、米国などメジャーな国なら国内の2～3倍程度ですが、国によっては、5倍以上かかることもあります。

図表3-3　インターネット調査の費用相場例

ネットリサーチ料金表

質問数	サンプル数									
	100	200	300	400	500	600	700	800	900	1,000
5問まで	7万円	10万円	14万円	17万円	20万円	24万円	27万円	29万円	32万円	34万円
10問まで	9万円	12万円	16万円	20万円	23万円	27万円	30万円	31万円	34万円	36万円
15問まで	12万円	16万円	20万円	24万円	28万円	32万円	36万円	40万円	43万円	45万円
20問まで	15万円	19万円	24万円	28万円	33万円	37万円	42万円	46万円	49万円	52万円
25問まで	18万円	22万円	27万円	31万円	36万円	41万円	45万円	50万円	54万円	56万円
30問まで	21万円	27万円	32万円	38万円	43万円	49万円	54万円	60万円	63万円	67万円
35問まで	24万円	29万円	35万円	41万円	47万円	52万円	58万円	64万円	68万円	72万円
40問まで	26万円	32万円	38万円	44万円	50万円	56万円	62万円	68万円	72万円	76万円

出所：マクロミル社HPより（https://www.macromill.com/assets/lower/service/price/list/files/macromill-price-list.pdf）

このように、最初から必要な費用感を頭に入れながら設計にとりかかることで、手戻りを最小限に抑えることができます。また、ここでは個別の調査会社についての言及は差し控えますが、国内調査の場合、インターネット検索で上位に出てくる企業なら品質、コストともに大きな差はありませんし、安心してお願いできます。一方、海外調査の場合は対象国によっても得手不得手がありますので、いくつかの会社に問い合わせてみることがよいと思います。

Column

メーカーAの新規エリア展開のケース

メーカーAでは、国内トップシェア商材の近隣国への展開を検討していました。メーカーAがトップシェアを誇っているその商品カテゴリーは、当時国内でしか市場が形成されておらず、近隣国への展開にあたっては潜在的な消費者ニーズを把握する必要がありました。顕在化していない市場ですので調査にも工夫が必要です。そこで、新商材の代替先となりうる既存市場を特定し、その市場の消費者を深く理解することで気づきを得ようと、インターネットを活用して何度も消費者アンケートを重ねました。

しかし、参入可否を判断できるような強いメッセージは得られず、この調査は諦めて他の調査手段を探ることとなりました。結局、国内の商材サンプルを対象国に持っていって直接試してもらって反応を見るという単純な方法を実行することで、有益な気づきを得ることができました。

後から考えると最初からそうすればよかったのにと思いますが、調査している最中は、往々にして特定の調査手法に固執してしまったり、大上段に構えて全体を把握することに執着してしまい、かえって複雑化、大規模化してしまったりと、本来もっとシンプルなやり方で済むはずのことを見落としてしまいがちです。多忙な中でもふと当初の目的に立ち戻り、必要に応じてリサーチの手法は柔軟に変えていく心構えが必要です。

テクニック：安価なWebアンケートツールを活用する

アンケートを自ら実施する場合は、直接対象者に紙で渡して記入していただくか、別途メールでアンケートを送付して回答していただくのが一般的かと思いますが、回答者のサンプルサイズや質問数が多くなると、集計作業の負荷が馬鹿になりません。そこで、昨今ではWeb上で簡易にアンケート作成ができるクラウドツールの活用も盛んになってきています。たとえば、SurveyMonkey社はクラウド型のアンケートツールの草分け的存在であり、全世界で2,000万人以上のユーザー数を誇っています。

これらアンケートツールの最大の特徴は、①簡易にWeb上でアンケートが作成できる、②対象者はWebブラウザ上やスマートフォン上で簡易に回答ができる、③回答結果が自動集計される、ということ。大抵このようなサービスを提供している各社とも無料版を提供しており、十数問程度のアンケートまでは無料で実施することが可能です。追加料金を支払うことで、質問数の増加、質問ロジックの追加、データの各種形式でのエクスポート、各種アンケートテンプレート活用等の付加サービスを活用することができます。

図表3−4　アンケートツール一覧

アンケート先	ツール名	運営会社	特徴
特定（自己調達）	Survey Monkey	Survey Monkey	SalesforceやMicrosoft Power BI等との統合やAPIにより、アンケートデータに手持ちのデータを組み合わせることが可能
	Questant	株式会社マクロミル	回答結果はWeb上でグラフ化され、簡単にクロス集計やフィルタ等BIツールのような活用が可能
	Google Forms	Google	設問数と回答結果の表示数に制限がないため、大規模なアンケートにも対応可能（モニタを活用したい場合は別ツール（Google Surveys））
不特定（モニタ活用）	Freeasy	アイブリッジ株式会社	1,300万人超のアンケートモニタを保有し、独自のアルゴリズムによる不適切回答候補者を排除したリサーチが可能
	QiQUMO	株式会社クロス・マーケティング	約541万人のアンケートモニタを保有し、海外（最大21か国）へのアンケート配信も可能
	Fastask	株式会社ジャストシステム	約300万人のアンケートモニタを保有し、専任のリサーチャーのサポートを踏まえた調査票作成が可能

アクセンチュア作成

アンケート調査実施にあたっては、膨大なデータを処理・加工する工数をいかに効率化するかも重要なポイントの一つですので、このようなツールを積極活用することもお勧めです。

ステップ②：調査の規模感（サンプルサイズ・設問数）を決める

アンケートの調査手法を決めたら、次に規模感を決めます。調査の規模感はサンプルサイズと設問数で決まります。ただし、サンプルサイズを定めるには、まずは母集団（アンケートをしたい対象セグメント）を選ぶ必要があります。

Ⓐ母集団を選ぶ：仮説の広さに対応できるよう母集団を設計する

目的に合ったターゲットを集められるよう、性別・年代などのデモグラフィック属性を中心としながら、必要に応じてライフスタイルなどのサイコグラフィック属性を加味して検討していきます。

図表3−5　規模感の決め方

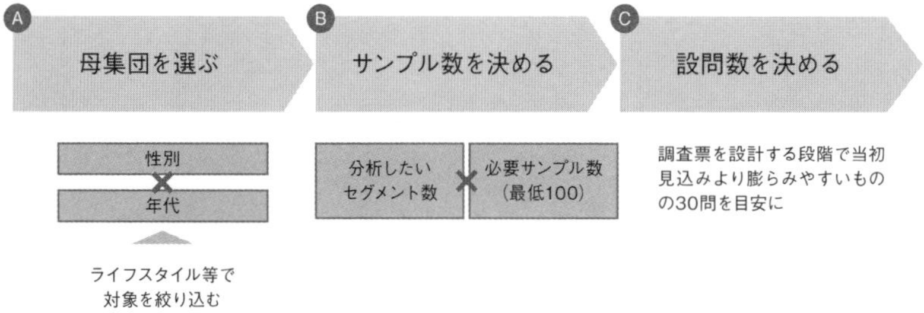

アクセンチュア作成

たとえば、シニア向け健康食品に対するニーズや不満を知りたいのであれば、当然高年齢の方が母集団の対象となるでしょうし、さらに健康食品の利用経験で絞るのもよいでしょう。

母集団を設計する上でのポイントは、目的と予算感のバランスを見て適切な広さを確保すること。仮説は外れることもあるので、基本的には想定するターゲットだけでなく周辺の顧客層も含めて広めに調査しておくことが望ましいのですが、その分コストも分析の手間もかかります。

先ほどの健康食品の例でいえば、まずは現状健康食品を利用したことがある人が主なアンケート調査の対象者となるでしょう。一方、健康食品を利用したことがない人の意見にも、新しい市場開拓の気づきが隠されているかもしれません。この場合、たとえば今までにない画期的な新商品を開発したいということであれば、健康食品未利用者まで含めて調査すべきでしょうし、既存商品の梃入れが目的なのであれば現状の利用者だけでよいでしょう。

このように、「調査から得られた情報で最終的に何を実現したいのか」でアンケート調査すべき母集団が変わってきますので、このタイミングで改めて、リサーチの目的を振り返ってみるとよいでしょう。

最近は、個人情報保護や多様性への意識の高まりによって、居住地域や年代や性別などプライベートな情報を提供することに抵抗がある方も増えてきています。これらの情報が、結果を分析してアクションを考えるために不可欠であれば（たとえば地域による購買意欲の違いを把握して特定エリア向けの販促を考えるなど）質問せざるを得ませんが、個人情報保護法の観点から、要配慮個人情報の取得やアンケート情報の第三者提供を行うなどの場合には「本人の同意」が必須であることに加えて、不可欠ではないにもかかわらず慣例的に訊いている場合、対象者がその情報を提供したくないばかりにアンケート回答から離脱してしまう可能性もあります。基本的な情報であっても、質問する項目はアンケート結果を分析する上で本当に必要なのか、リサーチの目的に照らしてチェックするようにしましょう。

Ⓑサンプルサイズを決める：サンプルサイズはやりたい分析の細かさで決める

母集団が決まったら、次はサンプルサイズです。サンプルサイズは、「どんな分析をしたいか」ということと密接に関わってきます。というのも、必要なサンプルサイズは全体の数で判断するものではなく、分析をしたいセグメント数によって決まるからです。

たとえば40～70代の男女を母集団とした調査を行う場合、せめて性別・年代別には傾向を見たいので、10歳ごとの年代と男女で、計8つの顧客セグメントに分けて分析をするとします。その場合、たとえば40代の男性という1つのセグメントだけで、信頼するに足る数字となるためのサンプルサイズが必要になります。

一般的には1セグメントあたり100サンプル以上が望ましいとされており、最低でも50以上は確保したいところ（統計学的に正確な必要サンプル数を求めるためには、「検定力分析」を行います）。そうすると、このケースでは1セグメント100サンプル×8セグメント＝800サンプルが必要です。しかも、性別・年代だけでなく、健康食品の利用有無という軸でも分析したいとなれば、さらに倍のサンプルサイズが必要となります。

このように、分析したい切り口が細かくなればなるほど際限なくサンプルサイズが増えてきてしまうので、予算感を踏まえて割り切りましょう。たとえば、先ほどは年代を10歳ごとに4つに分けることとしていましたが、20歳ごとで40～50代と60～70代の2つにすることでもよいかもしれません。

なお、調査のサンプルサイズは、基本的には分析したいセグメントごとに均等に割り当てられていますので、実際の人口動態とは異なります。したがって、そのままでは調査結果を読み誤ってしまいますので気をつけましょう。

たとえば、有職者の方を各年代で同じ人数だけ集めて調査をしたとします。調査上では70代や10代の方々も20代の方々と同じ数だけ存在しますが、実際の人口動態では、70代の方々の多くは退職されておりますし、10代の方々は学生も多いでしょうから、有職者の数は20代の方々より大幅に少ないはず。ですので、調査対象者全体の数字そのままでは70代や10代の有職者の方々の意見が過大に評価されており、その数字を活用してしまうと間違った判断を招きかねません。厳密性を求める場合は、こういったバイアスが生じないように層化抽出法や多段抽出法といったサンプリング手法を併用するのが一般的ですが、詳しくは統計の専門書にあたってみてください。

いずれにせよ、アンケート結果を正しく読み取るためには、出てきた数字をそのまま使わないこと。分析したいセグメント毎の数字のみを使うか、全体の数字を出したいのであれば各セグメントの値に実際の人口動態の分布を掛けあわせて算出するように徹底してください。

ⓒ設問数を決める：設問数は30問程度に収れんさせる

サンプルサイズの次は設問数の規模感です。前述したように外部の調査会社に委託する場合には予算に大きく影響を及ぼしますので、初期段階で大体の見込みは持っておきましょう。

実際に調査票を設計し始めると、想定よりどうしても膨らんできてしまうものですが、最後まで消費者にしっかり回答してもらうために、全体の設問ボリュームは極力絞る必要があります。

インターネット調査では特にボリュームに気を配りましょう。10分程度で回答し終わる分量が望ましく、どれだけ長くとも30分を超えると厳しくなります。10分程度で終えようとすれば、各設問の複雑さにもよりますがせいぜい20～30問が限界。ちなみに、アンケートの途中で分岐が発生する場合には、一人あたりの回答数は少なくなるので、全体の設問数としては30問よりも多くなることはあります。

テクニック：予備調査を最大限活用する

消費者アンケートを調査会社にお願いする場合には、本調査とは別に予備調査を実施します。予備調査は、本調査の対象となるターゲットを識別し集めることが目的の調査で、「いきなり大人数に聞いてみたが、そもそもターゲットとしてふさわしくない人たちだとわかり、アンケートの設問・回答が意味のないものになってしまった」というリスクを避けるために行うものです。

予備調査では、ターゲットを識別するための設問を、調査会社が保有するモニターの方々に幅広く行います。本調査を実施するサンプルサイズが数百だとしても、その識別のために数千、数万の方々に簡易なアンケートをとります。

この予備調査、設問は数問だけですが、非常に多くのサンプルサイズが得られます。したがって、工夫すれば単にターゲットを集めるだけでなく、それ自体をアウトプットとして有効活用できます。

たとえば、前述の健康食品の例でいうと、本調査は健康食品利用者だけにするとしても、予備調査では識別のために健康食品未利用者にも回答してもらっています。ですので、ただ健康食品の利用有無を聞くだけでなく、未利用者の意識を探るための質問（たとえば、購買経験のないセグメントに対して、その理由を訊く質問など）を盛り込むことで、追加調査なく消費者全体の傾向を把握することができるのです。

図表3−6　予備調査〜本調査への流れ

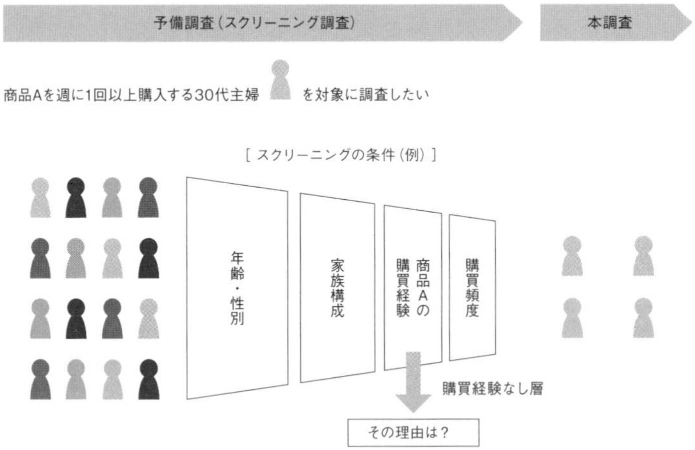

アクセンチュア作成

ステップ③：アウトプットイメージを明らかにする

アンケート手法と規模感が決まれば、次はアウトプットイメージの明確化にとりかかります。アウトプットイメージは調査票を設計する際の指針となるので、このステップを飛ばして調査票の作成にとりかかってしまうと、本来聞くべきことを漏らしてしまったり、メリハリがつかず設問が際限なく増えてしまったりと、後悔することになります。

ルール：実査前に分析グラフのイメージとメッセージの仮説を持つ

アウトプットイメージとは、「どんな設問をどう分析してどんなメッセージを出すか」という仮説のこと。

いわゆる課題設定力や分析力がものを言うステップであり、詳細は他書に譲りますが、実査前の段階でしっかりエネルギーを注ぎ込んでおくべきステップであることを覚えておいてください。以降の調査票作成もスムーズになりますし、調査結果が返ってきたあとの分析、報告資料作成も、このアウトプットイメージに沿って進めればよいので非常に楽になります。

一方、このステップが不十分だと、リサーチの目的に十分に答えられない設問のまま調査を進めてしまい、後の分析、報告資料作成で困り果てることになります。具体的なグラフイメージとメッセージ仮説まで準備することをお勧めしますが、せめてアンケート結果を分析する際の縦軸と横軸の指標くらいは明らかにしておきましょう。

ステップ④：調査票に落とし込む

さて、ようやく最後のステップである調査票作成です。ここまでのステップをしっかりこなしていれば、アンケート調査で何を聞くかはほとんど決まっていますので、後はどう聞くかだけ。といっても、どう聞くかで回答の信頼性、すなわち調査の有効性が大きく変わってきますので調査票の落とし込みは極めて重要なステップです。

ルール：一般的な設問、簡単な設問からはじめる

調査票の設問の流れは、一般的な設問、簡単な設問からはじめて、消費者に与える情報を徐々に増やしていくようにします（図表3－7）。これには、消費者が答えやすい設問から入った方が最後までしっかり答えてくれやすいという意味だけでなく、各設問の回答に影響を及ぼす余計な情報を回答者に与えないという意味があります。

図表3−7　設問の流れイメージ

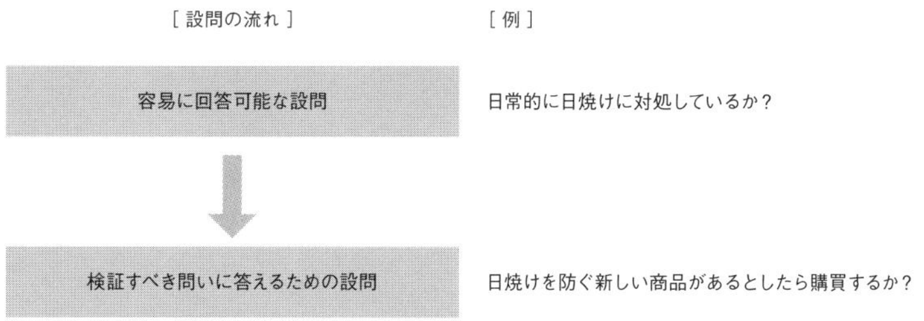

アクセンチュア作成

後者について少し細かく説明しましょう。たとえば、日焼けを防ぐ新しい商品についての消費者受容性を見るための調査を行うとします。その調査において、最初に「日焼けがいかに体によくないか」「それに対して新商品がどれだけ有効か」が具体的に書かれているコンセプトの商品の購買意向を聞いた後に、そもそも日焼け対処のニーズがあるかを聞くとどうなるでしょう。

おそらく、もともとは日焼けに対して大して悩みを持っていなかった人でも、新商品の魅力的なコンセプトを読むことで感化されて、日焼け対処ニーズがあると回答してしまう人も多いのではないでしょうか。そうなると、本来は「世の中にどのくらい日焼け対処ニーズがあるか」を知りたくて質問したにもかかわらず、実態とは乖離した異常に高い数字が出てしまいかねません。

ルール：枝分かれ設問を多用しない

設問の流れを設計する上では、枝分かれ設問の取り扱いについても注意しましょう。多用しすぎると、後ろの設問を回答するサンプルサイズがどんどん減ってしまい、数字の信頼性が損なわれてしまいます。したがって、枝分かれ設問を入れ込むとしても、基本的には1回に留めておくべきでしょう。

たとえば、ある商品の利用経験を聞いた上で、経験がある人は商品の利用動向や満足度について把握する設問を行い、経験がない人には未経験の理由を把握するといったときには、枝分かれ設問は有効です。

ただし、その場合、枝分かれした回答者グループ（この場合には商品の経験者と未経験者）ごとに十分なサンプルサイズを確保できるよう、全体サンプルサイズは余裕を持っておく必要があります。回答者の正しい割合は実際に回答してもらわなければわからないものの、設計時に見込みを持っておくことが重要です。たとえば、全体調査対象者のうちで商品の経験者が2割程度と想定される場合、経験者だけで100サンプルを確保しようとすれば全体では500サンプルが必要です。

テクニック：選択肢の切り出し方にこだわる

回答の質を高めるために聞き方を工夫すべきポイントは多くありますが、その中でも特に「選択肢の項目の切り出し方」はこだわるべきポイントの一つです。項目が粗すぎると有益な情報が得られませんが、細かすぎると回答者の負担も分析の負担も増えてしまいます。目的、仮説にあわせた括り、切り出しが求められます。

たとえば、ある飲み物の飲用シーンを把握するための選択式設問を準備するとして、「食事と一緒に」というシーンを考えるだけでも、朝、昼、夜というタイミングで分けるのか、それとも外か家かといった場所で分けるのか、両方のかけ算で細かく聞くのか、といったようにいくつもパターンがあり、どれが適切かはそのときの目的、仮説次第です。

ルール：自由回答に期待しすぎない

自由回答は消費者の負担が非常に大きいため、極力やらないようにしましょう。そもそもアンケート調査はあくまで定量的な傾向を把握することが主目的ですので、そういった意味でもお勧めできません。

一見、自由回答でしか聞けないと思われる設問でも、ほとんどは回答パターンを想定することで選択式の設問にできます。回答パターンの想像がつかなければ、周りの人にまずは自由回答してもらい、それをパターン化するのもよいと思います。

ルール：「どちらでもない」や「普通」を避ける

アンケート調査では、5段階評価の真ん中の評価をつい準備してしまいがちですが、特に日本人は真ん中を選びがちなこともあり、ない方がよい場合も多々あります。

たとえば、顧客のサイコグラフィック属性を把握する一環として、健康・病気に対して「A予防派」なのか、「B事後対処派」なのかを把握したいとします。この場合、「どちらかといえばA」といった項目はあってもよいですが、「どちらでもない」という回答を準備してしまうと、本来どちらかに分類されるはずの消費者が安易に「どちらでもない」と回答してしまい、顧客のセグメンテーションができなくなってしまいます。

一方、たとえばある商品の購買意向を聞くときなどは、「どちらでもない」ということは実質的に「買わない」ということですが、その選択肢がないと無理に「たぶん買う」を選ぶなどして実際の購買意向に対して回答結果を歪めてしまうことになるため、「どちらでもない」も含めて5段階評価で聞いた方がよいでしょう。

ルール：マトリクス設問を多用しない

マトリクス設問は、消費者から多くの情報を引き出せますし、調査の費用計算上ではあくまで1設問としてカウントされるのでお得感があり、多用しがちです。ただし、回答者にとってはマトリクスの縦の項目が10項目あれば、実質的に10設問に答えたことと同様の負担になりますので、本当に必要な場面でのみ使用するようにしてください。

図表3−8　マトリクスの設問例

下記の商品に、あなたはどの程度魅力を感じますか	非常に魅力を感じる	やや魅力を感じる	どちらとも言えない	あまり魅力を感じない	全く魅力を感じない
XXXの特徴がある商品A					
XXXの特徴がある商品B					
XXXの特徴がある商品C					
XXXの特徴がある商品D					
XXXの特徴がある商品E					
XXXの特徴がある商品F					
XXXの特徴がある商品G					

アクセンチュア作成

ルール：明確な仮説がない限り、複数回答形式は避ける

アンケート調査では、設問に対して、選択肢の中から1つだけ選んでもらうのか（単一回答）、複数選んでもらうのか（複数回答）を選択できます。

つい「得られる回答の幅を広げておきたい」という観点から、複数回答の設問にしがちですが、複数回答にすると「本当に何を強く選んでいるのか」がわかりにくくなるばかりか、設問数が増えて回答者の負荷も増えますし、アンケート費用もかさみがちです。

基本は単一回答で十分であり、複数回答が必要な場合は、複数回答を得ないと検証できないメッセージ仮説＋分析のイメージがある場合に限ります。

テクニック：周囲の人に試しに回答してもらう

全体として適切な設問ボリュームに収まっているか、各設問が誤解を招かない（解釈が分かれない）わかりやすい文章表現になっているかを確認するために、実査に入る前に必ず、周囲の方に回答してもらってください。ご自身や調査に関わっている方だと贔屓目に見てしまうことがあるので、調査に関係のない方にお願いして、客観的な意見をもらうことが大事です。全体の負担感を教えてもらうだけでなく、どう答えればいいか迷った設問、文章がわかりづらかった設問についてフィードバックしてもらうようにしましょう。

また、回答者が設問を勘違いしていることにすら気づいていないケースもよくあります。この問題は、何人かに回答してもらった結果を実際に見た上で、想定していた回答傾向と明らかにズレている（違和感を覚える）ものがないかをチェックすることで対応します。

Column

NPS®（Net Promoter Score）について

近年注目されているマーケティング指標に、NPS®（Net Promoter Score）があります。なぜ注目されているかというと、簡単な質問で、ある企業やサービス、製品に対する顧客のロイヤリティを測ることができる指標だからです。

簡単な質問とは、「あなたはこの商品／サービスを周囲の人に勧める可能性はどの程度ありますか?」といったもの。この質問に対して、0〜10までの11段階で回答してもらいます。0〜6を選択したユーザーを、商品やサービスに対して満足しておらずリピートの可能性も低い「批判者」、7〜8を選択したユーザーを、一定満足しているがファンとまでは言えない「中立者」、9〜10を選択したユーザーを、商品やサービスの消費体験・利用体験を宣伝してくれる「推奨者」とします。この質問に続いて、勧める、または勧めない理由を具体的に特定するような質問が続くことが一般的ですが、NPS®スコア自体は「推奨者の割合（%）」−「批判者の割合（%）」で求めることができます。非常に直接的でシンプルな問い方でロイヤリティを定量化する方法であることがおわかりいただけたのではないでしょうか。

図表3−9　NPS®

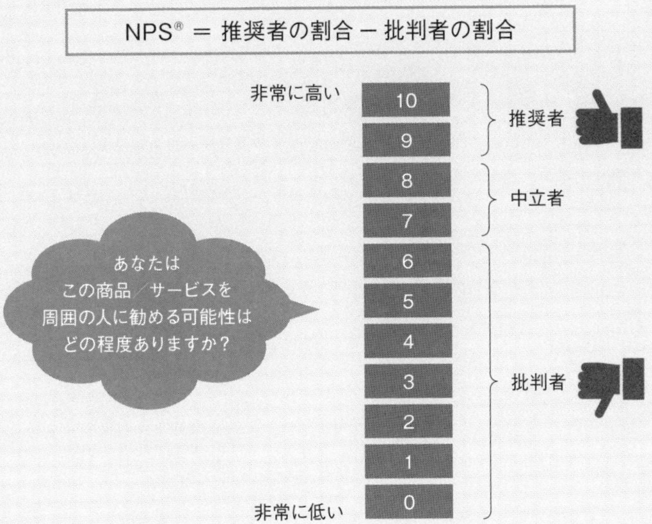

アクセンチュア作成

この質問を通じて顧客のロイヤリティを定量化できれば、サービスや製品が今後成長するか、その成長が持続するかを判定する指針になります。ロイヤリティは、売上数量やリピート率といった指標にも表れていると考えることもできますが、これらは過去の事実であり、今後どうなるかを見通すためには、別の指標で補う必要があります。近い指標として、商品やサービスに対する満足度を問う「顧客満足度」もありますが、こちらは回答時点で満足しているかどうかを問うものであるのに対して、NPS®は将来の行動（意向）を問うものであることから、商品やサービスの将来の成長性とより関連が高いと考えられています。NPS®が注目を浴びたのはHarvard Business Reviewに掲載された「The One Number You Need to Grow」という論文が起点で、その中でもNPS®と企業の成長率との強い相関が指摘されています。

注意点としては、商品やサービスの種類によって回答傾向が変わる（消費体験がどれだけ印象的なものであるかが異なる）ため、競合間での比較には向くものの、異業種間での比較には向かないこと。また、たとえばNPS®が1ポイント変化したときに、どれだけ企業業績に影響するのかを直接的に把握することができないことなどが挙げられます。NPS®変化が業績にどれだけ影響するのかは、「推奨者」の購買行動や「批判者」の不満解消によるインパクトなど、さらに細かい定量化が必要です。

Point 2

ソーシャルリスニング

見えない「気づき」を引き出すリサーチ技法

消費者ニーズを把握するための有効な手段として、アンケート調査やインタビューといった調査が従来行われてきましたが、これらの手法は一定の仮説を検証するためのアプローチとしては適しているものの、性質上どうしてもアンケート設計者の仮説、言い換えればバイアスの影響を受ける部分があります。あるいはインタビューという作られた場の雰囲気で模範的な解答をしてしまう、といった特徴があります。そうなると、想定外の"気づき"は出てきにくく、消費者の深層心理を理解したり、アンメットニーズ（消費者のまだ満たされていない隠れたニーズ）を掴むには不十分な面がありました。

そのような従来の手法を補完すべく、近年のソーシャルメディアの爆発的普及に伴い新たなリサーチ手法として確立されつつあるのが"ソーシャルリスニング"です。ソーシャルメディアによって消費者のリアルな声が容易に手に入る時代になった今、それらを情報源として新たなインサイトを導出することは、ビジネスパーソンにとっても必須スキルとなるでしょう。

ここでは、ソーシャルリスニングにおけるポイントを、ツール活用のテクニックも踏まえてご紹介します。

主な使用シーン

前述の通り、従来のアンケートやインタビューには消費者の深層心理を理解する、あるいはアンメットニーズを掴むには不十分な面がありました。一方でソーシャルメディアにおいては、基本的には発信者である消費者自身の生の声、消費者の生活に密着したリアルな本音が入手可能です。加えて、近年のTwitterやFacebookなどソーシャルメディアの爆発的な普及により、有意な分析が可能な一定数以上のデータが取得可能なケースも増えてきました。これらを収集・分析することで、まさにこれまで多大な工数をかけて分析していた消費者のアンメットニーズを、より簡単かつスピーディーに掴むことができます。

また、ソーシャルリスニングの利点として、リアルタイム性の高さが挙げられます。アンケート調査などで消費者のニーズを探ろうとした場合、アンケートの設計から回収まで1カ月程度を要してしまうことはざらです。一方、ソーシャルリスニングを活用すれば、消費者が今まさにつぶやいた声を拾うことができます。このリアルタイム性の高さは、たとえば新商品を発売した直後の消費者の反応を探るような場合に大きな効果を発揮します。

ルール：「やれる分析」ではなく「やるべき分析」にこだわる

一方で、ソーシャルリスニングの陥りがちな罠として「分析結果がSo What?（だから何?）になりがち」という点が挙げられます。取得可能なデータ量に制約もあり、目的に応じた「やるべき分析」ではなく「やれる分析」を実施してしまい、「取りあえずやってはみたものの、欲しい情報が得られなかった」「頑張って分析してみたものの、わざわざソーシャルメディア分析をしなくてもわかる当たり前の結果が出た」というような状況に陥るケースが往々にしてあるのです。

ソーシャルリスニングでは、分析目的を明確にした上で、場合によっては社内外の他のデータとの合わせ技で示唆を出すなど、工夫なくして本当に使えるデータは得られないことを強く認識しておくべきです。

ルール：目的に合わせて適切なメディアを選ぶ

ソーシャルリスニングと一口に言っても、世の中には様々なメディアがありますので、「何を知りたいか」という目的に応じてメディアを選ぶ必要があります。

たとえば、消費者の動向について、速報的かつ定量的に把握したい場合は、Twitterのようなリアルタイム性が高く、データ件数が多いメディアを選びます。一方で、消費者が自社の商品に具体的にどのような価値を感じているか、生の声を把握したいときは、より長文のブログや掲示板、レビューサイトを対象とすべきです。

ルール：データ量と期間の観点から分析の実現可能性を確かめる

さて、いざソーシャルリスニングにとりかかろうとした場合、よく出てくるのがデータ量の問題です。ある特定の商品について消費者がどのような意見を持っているのかを、ソーシャルリスニングで確かめたいニーズは非常に強いものの、高い知名度を誇る企業・商品でさえ、分析に足るデータ量のつぶやきを得られる可能性はそれほど高くありません。読者の皆さんの中でも、価格比較・クチコミサイトの「価格.com」を利用されている方は多いと思いますが、一眼レフカメラのような趣味性・機能性の高い商品であれば、企業側の努力なしにポジティブ・ネガティブなコメントが大量に書き込まれていくのに対して、そうでない商品（たとえば食品や飲料等）では極端に書き込みが少なくなってしまいます。

このように、商品の特性次第では分析に足る量のデータを集めることが非常に困難な場合がありますので、メディアの選択に加えて、そのメディアで十分なデータ量が入手できるかどうかの見極めが重要です。調査対象にもよりますが、一般的には数百件程度のデータ件数がないと、調査としての信頼性が担保できません。数十件しかデータがないような場合には、2、3件のイレギュラーなコメントが分析結果に大きな影響を与えてしまうからです。そして、イレギュラーなコメントは、ソーシャルメディア上では当然あるものと構えておかなければなりません。

加えて、たとえばあるキャンペーンの効果をソーシャルリスニングで分析するケースでは、キャンペーン前後で比較可能なデータ量がないといけません。したがって、本格的な作業に入る前に、まずは「データ量×取得可能期間」という視点で確認することが必須です。この段階で、後述の無料ツールを使って、どの程度のデータ件数が、どれくらいの期間分とれるかを確認します。この時点でデータ数や期間に問題があるようでしたら、そもそもソーシャルリスニングの分析を延期あるいは中止する割り切りが必要です。

テクニック：まずツールを使わず自分で口コミサイトを眺めて肌感覚を掴む

たとえば、飲食店であれば「食べログ」、コスメであれば「@cosme」、家電をはじめとした商品であれば「価格.com」等、多くの口コミサイトがあります。ソーシャルリスニングの第一歩としては、いきなり専用ツールを使って集計結果を見るのではなく、ターゲットとなる商品やサービスの口コミサイトをまず一つ一つ自分の目で見て、読み込むことが必要です。その理由は2つあります。

1つ目は、「そもそも対象となる商品・サービスが、総じてどういう評価を得ているか」、肌感覚を掴むことが大事だからです。その感覚によって、ソーシャルリスニングの目的が「消費者不満の軽減」となるのか「想定しなかった消費者の満足度を把握しマーケティングに活かす」方向となるのか、変わってくるからです。

もう1つの理由は、後に本格的にソーシャルリスニング分析を行うときにキーワード分析を行いますが、その際に、どういうキーワードに着目して分析していけばよいかの手がかりも掴めるからです。

テクニック：無料のソーシャルリスニングツールを試してみる

ソーシャルリスニングの専用ツールには、無料のモノも有料のモノもあります。たとえば、「Twitter」の“高度な検索”や「Yahoo!リアルタイム検索」といった無料のソーシャルリスニングツールを使って、過去一定の期間どれくらいソーシャル上でツイートされたか把握することができます。

たとえば、「Yahoo!リアルタイム検索」で“アクセンチュア”と入力してみると、過去6時間、1日、7日、30日でどのくらいの数がツイートされているか、またそのツイートの中身や感情の割合（ポジティブ／ネガティブ）が見られます。まずはこうしたものでリサーチのアタリをつけるのもいいでしょう。

テクニック：ソーシャルリスニング専用ツールを活用する

無料のソーシャルリスニングツールはいくつかありますが、本格的な分析やインサイト抽出に当たっては、専用ツールを使うことを効率性の観点からお勧めします。世の中には様々なソーシャルリスニング専用ツール——たとえば「クチコミ＠係長」「ブームリサーチ」「Social Insight」「Buzz Finder」「見える化エンジン」などがあります。企業が契約するサービスとしてはさほど大きな出費ではありませんので、これらのツールを比較選定することが、ソーシャルリスニングの最初のステップです。

また、ツールによって、カバーしているメディアの種類やデータ量、データ蓄積期間が異なりますので、ブログ、Twitter、Facebook、掲示板、レビューサイト、ニュースサイトなど、どんなメディアを対象としたいか、どの程度のデータ量が必要か、といった視点もツール選定の基準と言えるでしょう。

ここからは、とある医薬部外品メーカーのマーケティング担当者が「自社商品及び競合商品に対して消費者がどのような価値を感じているかを知り、より訴求力の高いマーケティングを行うためのインプットとしたい」という目的でソーシャルリスニングを実施する状況を想定し、説明します。

この場合、「自社商品A」「競合商品B」「競合商品C」を検索キーワードとして（実際には具体的な商品名が入ると考えてください）、周辺でどのようなコメントが浮かび上がってくるかを見てみたいと思います。なお、データソースについては国内の主要なブログ・掲示板を選択します。

テクニック：ツール任せではなく、ローデータを引き抜く

ソーシャルリスニング専用ツールには、コメント数の時系列推移や、デモグラフィック変数（男女性別等）別の集計、ポジティブ／ネガティブ比率の集計など、標準サービスとしていくつかの分析機能がついています。ツール提供企業の改善により、できることの幅や精度はどんどん高まっているのですが、「知りたいこと」が複雑だったりピンポイントであったりすればするほど、標準機能で事足りることは少なく、深い分析をするためにはどうしてもローデータ（1件1件の消費者のコメント）を見る必要があります。大抵のツールはローデータをCSVファイル等に出力可能なので、まずは設定したキーワードで絞り込まれたコメントデータを全件ダウンロードします。

ローデータ入手時には、ノイズ除去にも注意を払ってください。たとえば、Twitterを対象として検索する場合、「RT（“リツイート”の略。他のユーザーのツイートの引用のこと）」や「BOT（人間のコメントではない、システムによるコメント）」といった除外ワードを適切に設定しましょう。これを怠ると、あるコメントが引用（RT）された回数分投稿されているように見えてしまったり、広告目的のシステムによって生成されたコメントも消費者のコメントとしてカウントしてしまいます。除外ワードは対象とするソーシャルメディアの仕様によって異なりますので、まずはそのメディアに流通しているコメントを眺め、除外すべき種類のコメントを把握しましょう。

テクニック：属性データの振り付けがインサイト導出の肝

ローデータをダウンロードしたら、コメント1件1件に対して、どのような分析をしたいかの意図に基づいて、分析用属性データを付与していきます。ここが多少骨の折れる作業です。

たとえば、購買行動を分析したい場合、

- 購入者
- 商品とのコンタクトポイント（商品を知ったきっかけや購入場所など）

●価格に対する態度
●商品に対する評価

等の分析軸を設定します。その上で、各コメントを読みながら、

●購入者：「おかあさん」や「ママ」「おかん」等から「母」とデータ付与
●商品とのコンタクトポイント：「近くの〇〇（コンビニ）」等から「コンビニ」
●価格に対する態度：「安くなってた」や「激安」等から「安い」
●商品に対する評価：「すっと入る」「がぶ飲み」等から「飲みやすさ」

というように、属性キーワードを付与します（図表3－10）。

図表3—10　コメントに分析用の属性を付与する

	分析軸				
ダウンロードしたTwitterコメント（例示）	言及されている商品	購入者	商品とのコンタクトポイント	価格に対する態度	商品に対する評価
1 あまりに疲れたので仕事帰りに〇〇(コンビニ) で商品Aを買って帰った …	商品A	自分	コンビニ	—	疲労回復効果に対する信頼感あり
2 〇〇(ECサイト) で商品Bのタイムセールやってるっぽい！今日の18時までだって！	商品B	自分	ECサイト	安い	価格次第では購入量増加
3 ママが買ってた商品C、黙って飲んだのバレちゃった …	商品C	母／ママ	—	—	自分では買わないけどあれば飲む
4 商品AのCMが流れるたびに子供が踊り出すんだけど誰かどうにかしてくれ	商品A	—	TVCM	—	—

アクセンチュア作成

非常に地道で骨の折れる作業ではありますが、インサイト導出のためには極めて重要な作業です。

また、この工程では嬉しい副産物が得られます。それは、想定していなかった「意外なキーワードの発見」。たとえば、消費者、特にターゲットとした10代女性層は、訴求したいと思っていた「飲みやすさ」について、「すっと」や「がぶ飲み」といった表現を好んで使っている、というような意外な事実がわかってくるのです。このように得られたキーワードは、今後のマーケティングにおける訴求ワードとして使える可能性があります。

さて、全てのコメントに対して属性キーワードが付与できたら、ようやく定量的な分析に入ることができます。

テクニック：付与した属性データを可視化する

分析に足るデータが出来上がってから、どのような分析を実施するかは分析技術の参考書籍に譲りますが、ここでは一例として、「商品別に、消費者からはどのような評価を受けているか（≒どのようなニーズを満たしているか）」を見てみましょう（図表3－11）。

図表3−11　商品別　ニーズ充足状況の可視化（円の大きさは該当コメント数を表す）

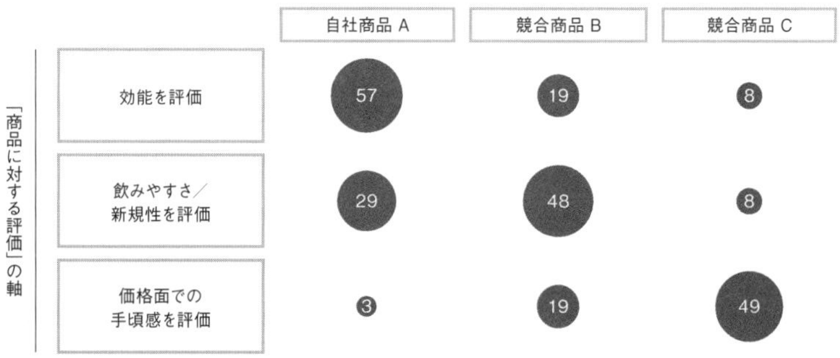

アクセンチュア作成

こうしてみると、商品Aは効能を評価されている一方で、競合商品Cと比較するとリーズナブルな価格であるとは受け止められていないようです。これをさらに、購入ユーザー層別、コンタクトポイント別、と分析の軸を掛け合わせていくことで、新たな発見に繋がる可能性があります。あるいは、これを時系列で把握した上で、商品ごとの売上シェア推移と重ねあわせてみてもよいかもしれません。

ここまでのケースは、あくまで分析イメージの一例であり、実際には、最初に検証したい仮説があって、そのために必要な分析軸の定義と属性データ付与を行い、その上で分析軸を組み合わせて気づきを得る、という流れです。

また、本節では未経験者でも挑戦しやすいよう、連続する作業ステップとして解説していますが、実際には、トライアル&エラーの積み重ねで、行きつ戻りつしながら精度を上げていきます。そういった意味で、ソーシャルリスニングは是非とも実践を通じて習熟していただきたい技法です。

世の中の注目を集めるソーシャルリスニングですが、本格的な活用に至っている企業はまだまだ少ないのが実情ではないでしょうか。特に膨大な情報ソースから有用な情報を抽出するためには、統計分析や仮説検証のノウハウのみならず、言葉に対する感性も必要であり、一筋縄に行かないからです。

しかし、消費者の本音に迫るうえでソーシャルリスニングは有効なリサーチ方法であり、世の中のデジタリゼーションの進展やテクノロジーの進化と相まってますます重要性が増してくることは間違いありません。

Column

360°生活者理解・顧客インサイトをもとにしたマーケティング高度化

ここ数年のデジタル化、テクノロジーの進化で、これまでになかった実店舗での購買体験（スマートレジカートやAR活用による店内エクスペリエンス向上など）や、D2C型の商品やサービスが増加しています（パーソナライズ型のアパレルや化粧品、ヘルスケアサービスなど)。また、コロナ禍や商品値上げによって、私たちの生活行動や働き方、購買行動は大きく変容、多様化していると言えます。

図表3−12　なぜ顧客を理解する必要があるか

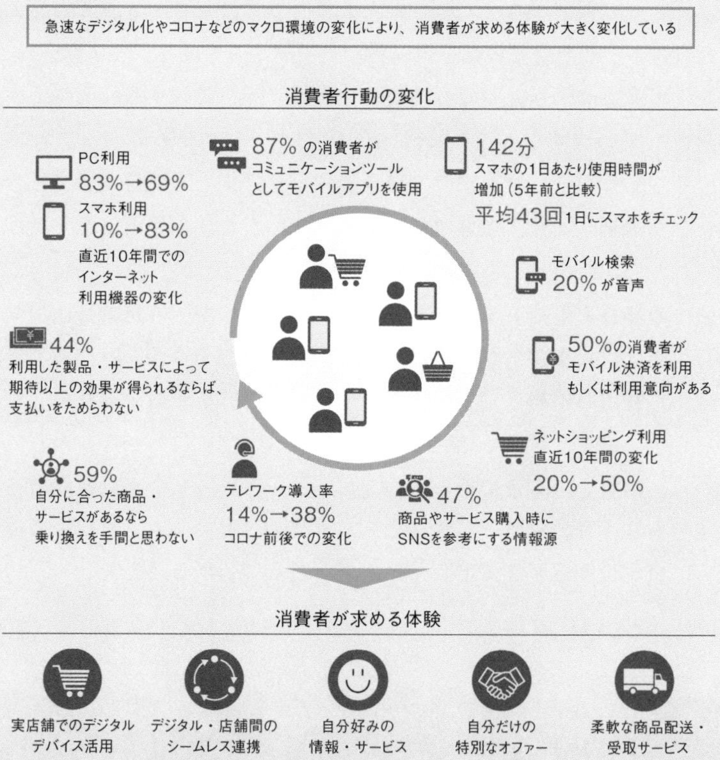

・IT・通信機器・端末利用状況：総務省「通信利用動向調査」（2019年）
・スマホ使用時間／アプリ利用／モバイル決済：MMD研究所「スマートフォン利用者実態調査」／「スマートフォン決済（QRコード）利用動向調査」（2020年）
・音声検索：Google「モバイル検索クエリに占める音声検索の割合」（2016年）
・ネットショッピング実施率：総務省「家計消費状況調査 ネットショッピングの状況について」（2020年）
・購入時参考情報源：ICT総研「SNS利用動向に関する調査」（2018年）
・製品・サービス意向：Accenture「CGS Industry Drivers, Planet Retail Data/Adaptive Consumer Research Survey」（2015・2016年）
・テレワーク導入率：国土交通省「テレワーク人口実態調査」（2020年）

アクセンチュア作成

その結果、企業サイドでは、これまで以上に“顧客を理解する”ことと、それをもとにしたマーケティング戦略や施策落とし込みの重要性が高まっています。

私たちが日々生活する中では、近年、家計簿アプリを活用した家計支出管理や、小売チェーンやメーカーが展開する企業アプリを使った購入やレコメンド、オンライン購買する際のウェブ上の行動ログ、商品購入後のTwitterやレビューサイトなどSNSへのつぶやき・コメント投稿など、1日の生活の中でデジタルサービスの利用がごく自然に、一般的な消費行動の一部となっています。その結果として、POS（Point of Sales：販売時の購買データ）や消費者アンケート調査など、購買行動を把握できるデータが限定的だった時代とはうって変わって、様々な顧客行動データが自然発生的に増え、ビジネス活用ができる環境が整いつつあります。

先進的なマーケティング企業や分析駆動型の企業では、生活者環境、データ環境の変化に対応するかたちで、生活者理解をベースにしたマーケティング戦略の立案～施策への落とし込みの実践がメインストリームになりつつあります。これらの企業では、分析駆動型の実行再現性を高めるため、組織・仕組み作りにも積極的に投資を行うことで、全社的なオペレーティングモデルへ組織改革を行うケースが増えています。

これらの先進企業で共通する具体的な要素として、①リサーチ方法（アスキング型とリスニング型のハイブリッド型の生活者・顧客理解）、②データ活用（家計簿や行動ログに代表される消費者行動データの活用）、③マーケティング実行（顧客インサイトをもとにした意識決定プロセスに基づく実行PDCA）の3つの特徴が挙げられます。

①リサーチ方法：アスキング型とリスニング型のハイブリッド型の生活者・顧客理解

まず1つ目は、自然発生的な顧客行動データを積極的に活用していること（リスニング型のデータ活用）。特定のブランド・商品の購買・利用を理解するために、従来的なPOSや出荷、消費者アンケートなどの、目的を持って“集めた”データを活用するのみならず、特定購買・利用以外の生活全般を捉えた“集まった”データ（消費者行動データ）も併せて活用していることが特徴です。購買時の「点」の理解に留まらず、顧客を中心にした「面」を理解することで、競合よりもお客様に刺さる訴求メッセージや、まだ満たせていない商品ニーズの把握や仮説出しに活用できます。

図表3−13　デジタル時代における消費者理解の方法

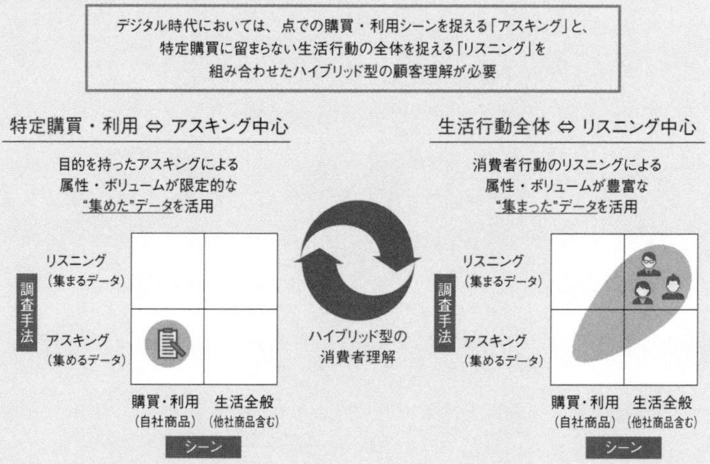

アクセンチュア作成

②データ活用：家計簿や行動ログに代表される消費者行動データの活用

リスニング型の消費者行動データの例としては、家計簿アプリの購買データや、ECサイトや自社サイト上の回遊・行動ログデータの他に、TwitterなどSNSのつぶやき・コメント、料理アプリの喫食行動データや栄養素データなど多種多様に存在します。それらを統合的に活用し、顧客理解に活かすことで実行アクションへの落とし込みの解像度や成功確度が高まると言えるでしょう。

図表3－14　生活者360°理解によるマーケティング高度化

特定商品の購買行動だけでなく、それ以外の支出やライフスタイルを理解することで、
個をより深く捉えた精度の高いマーケティング施策の展開ができる

消費者行動データ

顧客がどこで何を買ったかを捕捉し、消費行動変化を、クイックかつ精緻に捉える

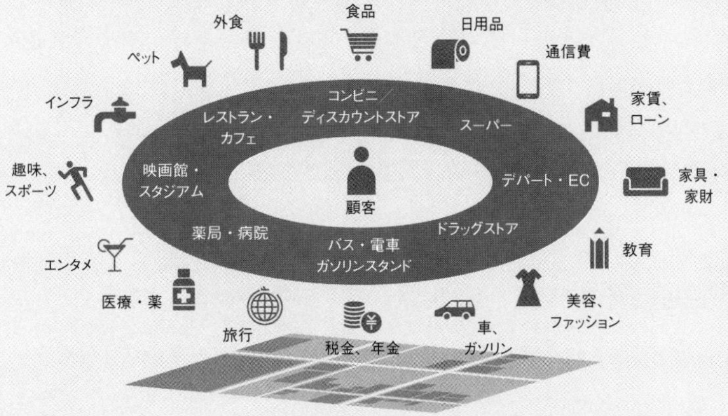

活用の方向性

①	市場・競合を知る	・市場トレンド分析 ・企業・ブランドシェア分析 ・競合流出入分析、等	商品ポートフォリオ見直しやベンチマーク業態やチェーンなどマーケティング戦略の強化
②	顧客を知る	・顧客ペルソナやライフスタイル ・顧客セグメンテーション ・成長トリガー分析、等	個客に沿ったOne-to-Oneマーケティング実行・CRM強化
③	エリア・チャネルを知る	・エリア別の消費性向比較 ・チェーン×エリア別のシェア分析 ・チェーン・エリア×重点顧客、等	全国一律、チェーン一律でないエリアマーケティングの展開
④	販促効果を知る	・顧客One-to-One施策 ・販促効果モニタリング分析 ・mROI分析、等	現在の販促効果を可視化し、マーケティングミックス最適化や高速PDCAの実現を図る
⑤	需要・ニーズを探る	・顧客ニーズクラスタ分析 ・需要予測 ・消費トレンド予測、等	顧客クラスタ×購買変化をもとに将来ニーズや変化の予兆検知先手のマーケティング計画

アクセンチュア作成

③マーケティング実行：顧客インサイトをもとにした意識決定プロセスに基づく実行PDCA

また、データ活用という狭義の視点に留まらずに、ビジネスプロセスの一部として明確に位置付けることで、顧客理解・インサイトをもとにしたマーケティング戦略・施策実行がEnd-to-Endでプロセス化・デフォルト化していることも特徴です。特に、自社事業にとって優先的に注力すべき顧客群に対して、一貫性のある実行戦略をストーリー性をもって整理することで、商品ポートフォリオや販促、効果検証までの一連を設計しやすくなります。

また、顧客を広く深く捉えることで、注力顧客の特徴をもとに、外部顧客DMPと接続・連携した拡張配信などのマーケテックも積極的に活用するケースも主流となりつつあります。

図表3−15　顧客インサイトをもとにした統合的で一貫性をもった施策具体化

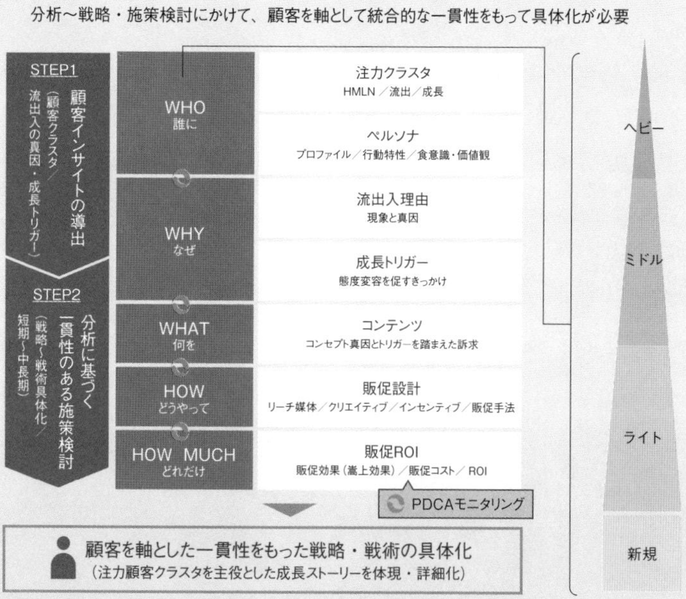

アクセンチュア作成

図表3−16　注力顧客クラスタに対する拡張ターゲティング配信（実行イメージ）

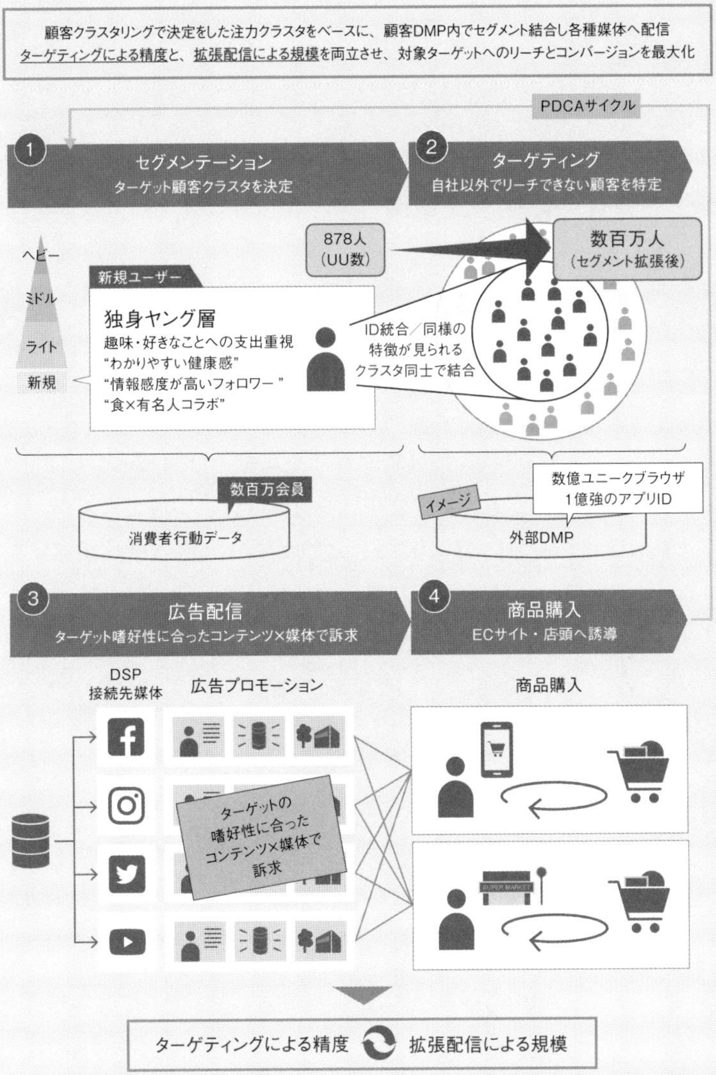

アクセンチュア作成

Point 3
フィールド調査

「場」を観察するリサーチ技法

フィールド調査、あるいはフィールドワークと呼ばれる調査手法は、学術研究の世界においてはスタンダードな手法であり、データや文献に基づいた研究との対比で、テーマに即した場所を実際に訪問し直接的に観察を行うことを指します。

各種データに基づいた机上の分析が有効であるのは間違いありませんが、ビジネスの世界においても、実際に現場を見ることによってのみ得られる知見も多々あります。まさに“百聞は一見に如かず”。自ら観察・体感することにより、データをもとにした分析結果の論理を補強、肉づけしていくことができます。

主な使用シーン

では、どのようなケースでフィールド調査が有効でしょうか。たとえば、工場の生産現場を訪問し、実際に稼働している生産ラインを見に行くような場合が挙げられます。当然、事前に業務の流れなどを業務手順書等で確認することで、ある程度現場の動きは把握できますが、実際に現場で観察することで、たとえば実際のラインの作業員の働き方（動き方）や、それにかかる時間が把握できます。また、モノの流れを見ることで、どこにどういう仕掛品の滞留が発生し、ラインのどこで不良が発生しているのかを把握し、生産上のボトルネック解消につなげることができます。

このように、ビジネスの世界におけるフィールド調査は、データ上には現れない「物理的なロケーションと動き」や「時間」を把握するのに最も有効な手段であると言えます。通常、データや書面で得られる情報は、現場の動きの結果として表出した一部の数値や、ごく一部の業務フロー・業務手順でしかありません。形式知化されていない生の情報を取りに行くのがフィールド調査の価値であり、醍醐味と言えるでしょう。

ルール：検証したいポイントを明確化する

フィールド調査は生産、営業、物流、店頭など、ビジネスの様々な現場で気づきを得るのに有効ですが、検証すべきポイントは異なります。

たとえば「営業」の現場においては、外回りのセールスパーソンに同行することで、いつ・どこで・何に・どれくらいの時間をかけているか、といった業務手順書に現れない実際の動きを把握することができます。また、優秀なセールスパーソンがしているちょっとした工夫、コツなども垣間見ることができます。

また「店頭」であれば、棚割りや商品の陳列のされ方、店頭販促POPの置き方・見え方等が重要であることは言うまでもありませんが、店舗に行くことで実際に来店されているお客様が「どの棚をどれくらいの時間をかけて見ているのか」「どの棚の商品を手に取っているのか」「どのような順序で見てまわっているのか」といった動線を観察することで、より効果的な棚割りや棚で映える商品、店頭販促POPについての知見を得ることが可能です。

さて、フィールド調査は図表3－17のステップで進めます。それぞれのポイントについて解説していきましょう。

図表3−17　フィールド調査の実施ステップ

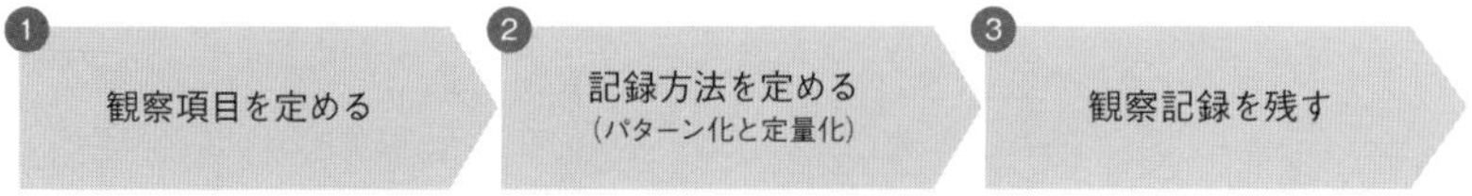

アクセンチュア作成

ステップ①：観察項目を定める〜ルール：現場でしかとれない情報を見極める

前述の通り、フィールド調査は机上では把握できない「物理的な動き」や「時間の流れ」を把握するのに有効な手法です。したがって、フィールド調査実施にあたっての最初のステップは、「現場でしか取れない情報は何か?」をまず定めること。観察すべき対象は「モノ」なのか「人」なのか、「手順（流れ）」なのか、それにかかる「時間」も必要なのか、対象をとりまく「環境」まで必要なのか、を決めておきます。当然のことながら、そもそもの調査目的に照らし合わせた仮説が重要であることは言うまでもありません。

たとえば、「工場における就労環境が生産効率性に影響を及ぼすか否か」を現場で調査するような場合、作業に影響を及ぼす環境として明るさ、窓の有無、休憩場所のファシリティ等に関する仮説を立て、調査対象項目としてリストアップします。

ステップ②：記録方法を定める〜テクニック：パターン化と定量化にこだわる

次に、結果を記録する方法を決めます。ここでポイントとなるのは「パターン化」と「定量化」。漠然と現場で起こっていることを記録に残しても、後々何の分析もできません。ましてやそこから示唆を抽出することなど不可能でしょう。

たとえば、生産現場をフィールド調査するなら、作業手順が①「A⇒B⇒C」なのか、②「A⇒C⇒B」なのか、あるいは③「B⇒A⇒C」なのか、といったパターン化・類型化を行います。それをもとに、「①のパターンの作業員が何人で、かかっている時間が何分か」「②のパターンの作業員が何人で、かかっている時間が何分か」というように、可能な限り定量化して記録を残します。

こうすることで、初めて「作業手順がバラバラである」といった現場レベルの情報を「作業手順が3つのパターンでなされており、それぞれ最も効率的なパターン①に揃えることにより、全体で○○％の効率化が可能」、あるいは「Aという作業工程の個人間の生産性のばらつきがBやCの工程より大きく、仮にA工程の生産性を最も高い人にまで全体を引き上げると全体で○○％の効率化が可能」といったインサイトにまで昇華することが可能です。もちろん、これらは全て調査設計をもとに観察するので、事前の仮説構築が重要であることは言うまでもないでしょう。

なお、記録するためのフォーマット準備も重要です。現場では刻一刻と状況が変化するため、観察結果の記録をとる時間に余裕がないことも多々あります。短い時間で効率よく知りたい情報を得るためには、選択肢をあらかじめ記載してチェックする形式にするなど、簡易・効率的な記録ができるようフォーマットを工夫する、というような事前準備をおろそかにしてはいけません。

ステップ③：観察記録を残す〜テクニック：こまめに画像での記録を

最後のステップは、実際に観察して判明した情報についてフォーマットに即して記録をとっていくことです。このステップのポイントは、重要なシーンを写真で残すこと。後程レポートとしてまとめる際に、文章やイメージ図で説明するより、写真を示すことが動かぬ証拠として何よりも説得力がありますし、フィールド調査の結果得られた情報の“生々しさ”“しみじみ感”を表現する最もよい方法と言えるでしょう。

テクニック：「雰囲気」も見るべき重要な事項。自分の「肌感」を大切に

最後に、フィールド調査をする際には、その現場の「雰囲気」を感じ取ることも重要です。その現場が和気藹々としているのか殺伐としているのか、やる気なくだらだらと働いているのか適度な緊張感と規律の中で働いているのか、前向きに明るくのびのびと働いているのか気怠そうに働いているのか、というのはまさに現場でしか感じ取れないものだからです（組織の生産性と職場の「雰囲気」の間には相関関係があるという研究調査結果もあるくらいです）。

当然「雰囲気」は客観的に測定できるものではなく、前述のパターン化や定量化が困難な領域ですので（もちろんアンケートやインタビューを実施すればある程度定量化できますが）、主観的にならざるを得ず、完全に雰囲気の良しあしを断ずることはできません。

あくまでも「自分が当事者だった場合どうか」といった視点で、自分の持っている「肌感覚」を大切にすることが重要です。

Column

現代の“デジタル”フィールド調査

フィールド調査とは、その名の通り現地に赴いて現物を物理的に確認する調査ですが、調査対象者の活動がデジタル空間で捉えられるようになるにつれ、「デジタルフィールド調査」と呼べるような動きが出てきています。

たとえば、皆さんがPCのブラウザやスマホアプリを使ってアクセスするWebサイトでは、訪問者がどのようなWebサイトから流れてきたのか、どのコンテンツがどれだけ表示されたか、クリックされたか、閲覧者にとって動線にわかりにくいところがないか、どのくらい滞在したかといった閲覧行動ログを解析し、改善点を発見

し、より良いサイトにすることでユーザー体験を向上していくことは極めて一般的になっています。

これに近いもので、企業の中にも、ユーザーすなわち従業員の行動をデータとして可視化・分析することで、大幅な業務効率化・従業員体験の向上に繋げるような動きが始まっています。その中心にあるのは、「プロセスマイニング」というテクノロジーです。

プロセスマイニングとは、従業員が業務で利用しているシステムのログを活用して、どのようなインプットを使ってどのようなプロセスでどのようなアウトプットを作成しているのか、どこにボトルネックがあるのかを特定する技法です。業務システムのログを取るツールは昔からありましたが、そのデータは何か問題があったときに引っ張り出されて調べられる程度で、継続的な業務改善に活用されることはいままでほとんどありませんでした。しかし、2010年代後半からプロセスマイニング専用ツールが出現し、業務をデジタル化して自動化・RPA化していこうとする時代の流れもあり、業務改善に本格的に使用されるようになりました。

図表3−18　プロセスマイニングの特徴

☑ メリット

- プロセス可視化作業の負荷を抑えられる。従来は、ユーザーへのインタビューや実際の作業手順の観察を通じてしか把握できなかったことが、半ば自動的に可視化できる。属人化・ブラックボックス化している業務の可視化に時間が取れず、可視化が進まないという状況から脱却できる。
- 作業者の記憶ベースでの可視化では抜け漏れが生じていたが、プロセスの精度が高まる。従来のインタビューなどを通じた調査では、非常に手間がかかり、さらには「なんとなく負荷が高そうだ」「大体このくらい時間がかかっている」というレベルでの把握しかできなかったが、最小タスク単位/秒単位での定量化が可能。
- 継続的な可視化が可能。一度可視化できるようにしておけば、プロセスの改善前後を通じて測定することで、改善効果も定量的に把握できる。

☑ 限界や留意点

- 手作業が介在している場合など、ログがないプロセスが把握できない。手作業プロセスも含めてツールで可視化しようと思うと、前段階でのシステム化（プロセス変更）が必要。
- ツールを利用する必要があり、費用がかかる。可視化のツールであって、直接的な改善のためのツールではないため、費用対効果が事前に把握しにくい（導入検討のROIが見通しにくい）。

アクセンチュア作成

このように、現時点では限界もあるものの、使いこなすことができれば積年の業務課題も解決する強力な業務改革が実現できる可能性を秘めています。

少し話は変わりますが、近年目覚ましいデジタルテクノロジーによる様々な変化、いわゆるデジタル革命の最後にして最大のフロンティアは、物理世界だと言われています。計算力の向上やAIの進歩により、デジタル世界ではいろいろなことが便利になり、可能性を広げている一方で、それが物理世界にフィードバックされているのは一部のXR（特にMixed Reality、複合現実）技術を介したものに過ぎず、接点が限定的であるがために、デジタル技術が現実世界に与える影響は限界に近づきつつあると言えます。

今後、この限界を超えるためにカギを握るのは、デジタル世界と物理世界を密接に結合する「デジタル・ツイン」という考え方です。これは、物理空間で起きていることを可能な限り精細にデジタル空間に記録し、逆にデジタル空間でデータを元に（たとえばAIがシミュレーションしたことを）物理空間に反映していく、というもの。物理世界とデジタル世界が双子のような関係になることから、「デジタル・ツイン」と呼ばれています。時間も費用もかかる物理空間での試行錯誤を減らせるなど、デジタル空間でできる夢のようなこと、便利なことが、現実世界にも反映していけるようにするための前提となる重要な考え方です。

プロセスマイニングは、このデジタル・ツインを支える基礎的な技術の一つになると考えられています。これからの時代、業務上の処理ログを常時記録し、パフォーマンスを継続的に改善していくことが常識となり、そのような改善ができる業務およびシステムを備えていない企業は取り残されていくのではないでしょうか。今どきWebサイトのアクセス解析・継続的改善をやっていないサイトはすぐにユーザーが離れていきます。それと同じように、物理的な商品やサービス（とその裏側にある企業側の業務）もデジタルの力を活用して継続的に進化していかなければ、顧客の離反を招く可能性があるのです。

さらに今後は、デジタル世界と物理世界の結合を高めるため、現行プロセスのどこをデジタル化して効率化・高度化するか、といった部分的デジタル・ツイン発想ではなく、全てのプロセスをデジタル化することを前提に業務を設計し、どうしても人がやらざるを得ないところだけを人がやる、というデジタル・ツイン起点時代になることが予想されます。

図表3–19 「デジタルツイン・ドリブン」という発想

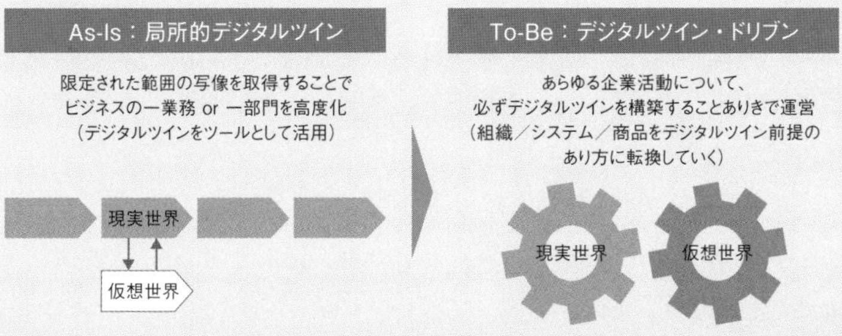

アクセンチュア作成

そうなれば、これまで人が担っていた定型的な事務作業は人がこなす仕事ではなくなり、可視化された業務・データを元にした付加価値の発見が人が担うべき仕事の中心となっていくでしょう。データを蓄積・分析して新しい価値を提言していくことが求められるので、そのための技術であるプロセスマイニングは、（たとえば当初限られた人だけが使えたインターネットが一気にすべての人のものとなったように）一部の専門家のみ使える特別なものではなく、PowerPointやExcelなどと同じようなビジネスマン必携のスキルになるのではないでしょうか。

Point
4

インタビュー①
ビジネス関係者／有識者インタビュー

対面で得た情報には価値がある

インタビュー、つまり対面で話を聞くことによる情報収集は、古くから実践されてきた古典的なリサーチ手法です。前述の通り、近年はインターネットによるアンケートで容易に定量・定性データを集められるようになりました。しかし、遠隔での定型的な設問では回答者の深い見解・価値観等を捉えることができず、ここに対面によるインタビューを実施する大きな意義があると思います。

また、通り一遍の教科書的なリサーチ報告を“現場感”“しみじみ感”のあるリサーチアウトプットに昇華させる上でも、インタビューは非常に重要な役割を果たします。

主な使用シーン

インタビューする目的や対象者は多岐にわたりますが、大きく2つに分かれます。「ビジネス関係者／有識者（エキスパート）インタビュー」「消費者インタビュー」です。この節ではまず前者について解説します。

ビジネス関係者に対するインタビューは、自社の社員や取引先などに対して、ビジネス上の課題や改善点を把握するために行うもので、社内の業務効率化、社員満足度向上、取引先へのサービスレベル改善など、企画業務を行う上では多岐にわたって日常的に行われるリサーチ手法です。

有識者に対するインタビューは、新しい領域に取り組む際に、大学教授、先進企業の担当者、コンサルタントなど有識者の知識・見解を吸収することで、土地勘のない領域でも効率的にキャッチアップし、初期仮説を立てるために行うものです。

たとえば以下のようなシーンでビジネス関係者や有識者へのインタビューを行うと、リサーチ業務を効率的・効果的に進めることができます。

- いきなり本格的なリサーチに入る前に、専門家に大まかな全体像を聞いて理解する
- 調査対象（商品／サービス、企業等）について、机上では掴めない現場感のある情報を得て、報告書の説得力を増す

ルール：インタビュー対象と調査事項を明らかにする

「ビジネス関係者／有識者インタビュー」を実施するには、まずインタビューを行う対象・調査事項を事前に整理しておくことが必須です。こうした整理をせずにインタビューをしても、聞きたいことの半分も聞くことができません。

図表3－20はインタビュー対象と調査事項の例です。この2つをセットで明確化しましょう。

図表3−20　インタビュー対象と調査事項

インタビュー対象	調査事項
ユーザー	●潜在ニーズ、購買プロセス調査　●クライアント企業への要望・不満 ●競合企業との比較、スイッチの可能性　等
クライアント社内	●業務内容、業務プロセス調査　●組織体制、現場⇔ミドル⇔トップのコミュニケーション ●変革への意識・抵抗感　等
有識者	●市場・業界構造　●海外先進事例　●ホットトピック、今後のトレンド　等
クライアントの競合他社、先進企業 等	●類似の取り組み事例　●取り組み実施にあたっての課題　等

アクセンチュア作成

ルール：インタビュー先の立場・利害を常に意識する

ある部署の業務効率化余地を把握するために、社員にインタビューを行うとしましょう。その際、インタビューされる部署にとっては、効率化の余地があると判断されてしまうと人員縮小の憂き目にあうかもしれず、身構えている可能性があります。

こうした場合、場の流れや質問方法を十分に工夫しないと、有益なインタビューにはなりません。そのため、このインタビューが双方にとって有益であることをインタビューの冒頭でしっかり理解してもらうことが必要です(たとえば、「業務効率化といっても、あくまで単純業務の負荷を減らして、より付加価値の高い業務にシフトしてもらうことが目的である」など)。

しかし、インタビューする側とされる側の利害が異なることも大いにあります。そのような場合、先方はあくまで自らの利に適う発言をするということを念頭に置いて解釈しなければいけませんので、十分留意してインタビューに臨んでください。

ルール：人脈がなくても積極的にインタビュー対象者にアクセスする

人脈を辿らずとも有識者にアクセスすることは十分可能です。参考となりそうな記事、論文、書籍に目星をつけ、その執筆者に積極的に連絡を取ってみましょう。

今日では、大抵の研究者はeメールアドレスを公開していますので、メールを送ってもよいですし、メールアドレスが非公開の場合には手紙を書くという選択肢もあります。いずれの場合も、丁寧な自己紹介とわかりやすい趣旨説明に加えて、先方にもメリットがあると感じさせるような文面を心がけましょう。

また、連絡を取る前に、Web検索でその執筆者の専門研究領域や、他の発表論文等を眺め、インタビュー対象として適切かどうか見極めておく必要があります。

いざアポイントメントがとれたら具体的なインタビューのシナリオや質問

項目を準備していくことになります。

ここからはエキスパート（有識者）インタビューについて解説します。

エキスパートインタビューの利用シーン

エキスパートインタビューとは、その名の通り、“エキスパート（＝その道の有識者）”にインタビューを行うリサーチ手法です。エキスパートに蓄積された経験や知識に触れることができ、効率的に深い情報にアプローチできる、非常に有益な手法です。

馴染みの少ない市場・テーマの全体感をクイックに捉えたい場面や、デスクトップリサーチ等ではリーチできない深い情報を得たい場面に特に有益です。前者の例として挙げられるのは、新規事業の参入候補の市場を俯瞰したいような場面。業界本やデスクトップリサーチと並行して行うことで、より早期に全体感の理解や業界を見る上で外してはいけないポイントを掴むことができます。後者の例としては、自社の技術シーズの事業化、のようなテーマを検討する場面です。たとえば“自社の技術は、食品工場の製造ラインの効率化に使えるのではないか”等の仮説を、効率化は実際に実現しうるのか、仮に実現できたとしていくらのビジネスになりそうか等、エキスパートに仮説をぶつけながら検証していくことができます。

“エキスパート”へのアプローチの種類

“エキスパート”とひとくくりに言っても、彼／彼女らへのアプローチ手段は多様です。業界団体や大学、研究機関等に直接コールドコールをするケース、社内の有識者や取引先にヒアリングを行うケース等も広くはエキスパートインタビューの一種と言えます。ここでは、社外のエキスパートデータベースにアクセスできる、エキスパート紹介サービスを利用する手法を紹介します。サービスそれぞれに特徴があり、リサーチの目的に沿ったサービスを利用することが必要です。

図表3−21　エキスパートデータベースサービス（一例）

主要エリア	提供会社	主な特徴
グローバル中心	GLG	**有識者紹介サービスの最大手の一つで、グローバルに強み** ●ニューヨークに本社を置き、東京含む23拠点を展開 ●150カ国超の有識者を有し、AIを駆使したマッチングを提供
グローバル中心	GUIDE POINT	**有識者紹介サービスの最大手の一つで、グローバル及び日本に強み** ●ニューヨークに本社を置き、日本含む15拠点を展開 ●グローバルでのサービス提供に強みを持つ一方、2018年に日本子会社を開設しており、日本での支援体制も強化
国内中心	Third Bridge	**有識者紹介サービスの最大手の一つで、多拠点から日本ユーザーを支援** ●ロンドンに本社を置き、世界で8拠点を展開 ●本社のあるロンドンをはじめ、上海、香港、ニューヨークに日本担当者がそれぞれいるため、日本時間の深夜でも対応可能
国内中心	ビザスク	**国内最大手の有識者紹介サービス** ●東京に本社を置き、海外6拠点を含む計7拠点でグローバルに展開 ●国内外に多数の有識者を有し、特に国内・アジアに強いネットワークを持つ
国内中心	MIMIR	**ユーザベースグループ子会社のミーミルが提供する有識者紹介サービス** ●東京に本社を置く ●SPEEDAと共同で有識者の知見活用サービスを提供しており、国内有識者をメインにしつつ、国内外の有識者を紹介

出所：特徴は各社HPより抜粋

エキスパートインタビューの実行ステップ

実際にエキスパートインタビューを実践する方法について述べていきます。60分等の短いインタビュー時間で最大限の成果を得るためには、セオリーに沿った準備・実践が不可欠です。

図表3－22　エキスパートインタビューの実行ステップ

① インタビューの目的を明確にする	他のリサーチ手法同様、まずは目的を明確にする
② エキスパートを探す	エキスパート紹介サービスも有効に使い、インタビューの目的に沿った知見を持つエキスパートを探す
③ インタビューガイドを作成する	限られた時間に効果的にインタビューをするために、当日聞く内容を事前にしっかりと設計する
④ インタビューを実施する	エキスパートの知見を引き出す“聞き方”や“深掘り質問の仕方”に気を配り、インタビューを行う
⑤ アウトプットする	インタビューから得られた発見をアウトプットする

アクセンチュア作成

ステップ①インタビューの目的を明確にする

このステップの説明は第1章に譲りますが、他のリサーチ手法同様、まずはエキスパートにインタビューを行う目的を明確にしましょう。明らかにしたいことは何か、アウトプットしたいことは何かを、明確にすることが最初のステップです。詳細の内容は後述のステップ③「インタビューガイドを作成する」のタイミングで組み立てます。ただし、インタビューを行うエキスパートを決め、インタビューの日程調整の作業を進めるためにも、このステップ①のタイミングで核となる目的・知りたいことを明確に定義することが必要です。

ステップ②エキスパートを探す

目的を明確にした上で、次はインタビューの目的に沿ったエキスパートを探します。エキスパート紹介サービスを使う場合は、どのような経歴や知見を持つエキスパートを探しているのかを伝えることで、候補者の一覧を紹介してもらうことができます。

テクニック：インタビューの成功率を高める、依頼メールの内容

インタビューの成功率を高める最初のポイントは、当たり前のことですがインタビュー実施者が聞きたい内容とエキスパートの経験・知識が適切に合致すること。そのためには、エキスパート紹介サービスへの依頼コミュニケーションが重要です。以下の点に留意し、アンマッチを起こさないようにしましょう。具体的には図表3－23のような内容になります。

- どのような経歴・知見を持つエキスパートを探しているのかを明記する（想定している企業例や部門例を列挙することも有効）

図表3−23　依頼メール例

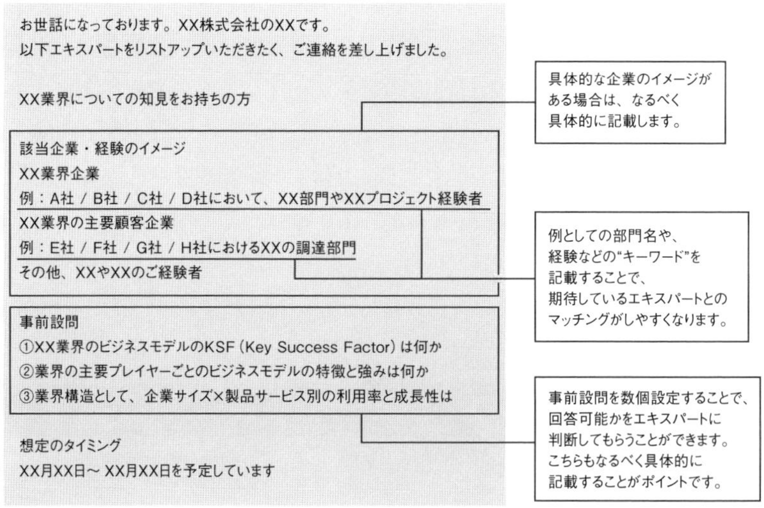

アクセンチュア作成

●当日質問したい内容に応対可能かどうか、事前設問を数問記載する
●インタビューを実施したいおおよその希望日程を伝える

ステップ③インタビューガイドを作成する

次のステップは、当日インタビューする内容の設計です。先述の通り、一般的なインタビューの実施時間は30～60分程と、短時間で知りたいことを全て聞く必要があります。インタビューの成否を決めると言っても過言ではないのが、事前に組み立てておく“インタビューガイド”。わかり切ったこと、聞いたところで新たな発見がない質問、曖昧な回答しか得られない曖昧な質問などは排除し、解きたい論点・仮説へ深掘りすべきポイントを網羅できる内容のインタビューガイドを組み立てましょう。

テクニック：実践的なインタビューガイドの作り方

基本的な考え方は、知りたいこと・明らかにしたいこと（論点）・仮説で質問文の骨格を作りながら、深掘りするためのサブ質問を可能な限り構造化し、具体化しておきます。下記に、インタビューガイドの例を挙げます。

図表3−24　エキスパートインタビューガイドの考え方

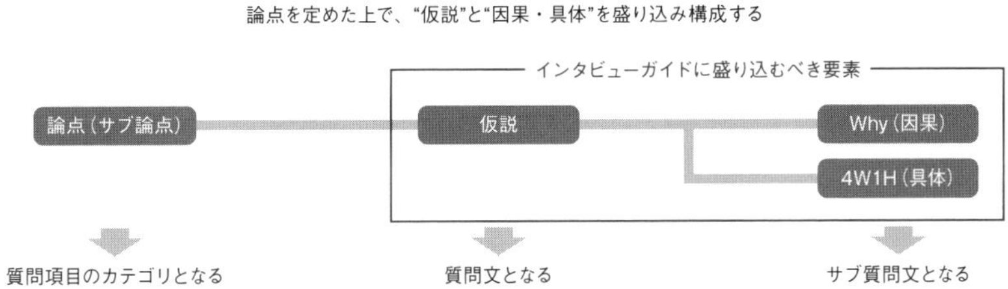

アクセンチュア作成

図表3−25　インタビューガイド例

XX業界におけるXXサービスの導入実態（論点＝質問の大きな塊）

XX業界におけるXXサービスの利用形態は、A型、B型、C型、D型の4類型と理解している。

そのうちD型へのシフトが進んでいると理解しているが、その裏にある、サービス導入顧客が抱える課題は何か？

- XX業界における主なコスト構造のうち、XXにかかるものはどの程度か？
- そのうち人件費・工数はどれほど経営課題になっているか？（XXサービスによって軽減される想定部分）

XXサービスの導入率は未だ低い理解だが、導入へのハードルとなっているのはどのような理由か？

- マーケット認知が低いのか？ 品質面か？ XXのようなパターンで実際にはコストメリットを得られにくいのか？

XX業界におけるXXサービス導入の判断プロセス

事業者の切り替え／新規採用の決定までのプロセス

- 導入決定までのプロセスは概ねXX、XX、…と理解。過不足・順番の前後があればご指摘いただきたい。
- 候補サービサーはどのように選定することが多いか。日常的な営業が重要か？ 先行導入企業からの評判か？

意思決定のポイント

- 意思決定に関与する主な関係者はXX、XX、…と理解している。特にどのレイヤーを押さえることが重要か？
- 判断はXXやXXが重視されると理解しているが、判断関係者ごとに、特に重視するポイントはどこにあるのか？

各サービサーの特徴

サービサーの選定基準はXXやXX、XXと理解。それら基準に対し、以下の各社はどこに強みがあるか？

⋮

各論点に対する、仮説を
具体的にちりばめた質問文・サブ設問分

アクセンチュア作成

●質問の意図・背景（＝論点）を伝える

仮説だけに絞り込んだ質問をするよりも、目的・背景を伝えることで、エキスパートが持つ知見を最大限引き出すことができます。

NG例：Aコストを効率化させるために実践した工夫はありますか？

OK例：XXXの全体のコストを低減させる機会がどこにあるのかを検討しています。コスト全体構造のうち、XX%の比率を占めるAコストの削減に可能性があると見ていますが、そのコストを効率化させるために実践した工夫はありますか？（AコストよりもBコストの削減が…という回答が得られるケース）

●わかり切ったことは聞かない

理解していることや考えていることは前提条件としてお伝えしましょう。それにより余計なコミュニケーションがなくなります。

NG例：XXの事業は、AAとBBの二形態があると理解してよろしいでしょうか?

OK例：XXの事業はAAとBBの2形態が存在すると捉えていますが、AAの形態の場合は…（このあとに本当に聞きたいことを書く）

●単純な一問一答形式にせず、会話形式に

漠然としたオープンクエスチョン、Yes／Noのクローズドクエスチョンだけにしない。ディスカッションを仕掛けるような質問を用意しておきましょう。

NG例：XXについてはどうお考えですか?　XXという理解であっていますか?

OK例：XXという理解であっている場合、XXXという難しさがあると思うのですが…（この後聞きたいことを書く）

ステップ④インタビューを実施する

まずは、自己紹介と背景の説明から伝えましょう。エキスパートの時間をもらっていることへの感謝を述べつつ、エキスパートが答えやすいような雰囲気を作ることも大事なポイントです。

その後は、基本的には事前に作成したインタビューガイドに沿って聞いていきます。ただし、下記を勘所として押さえましょう。

●エキスパートの回答に対し、深掘りする質問を繰り返しましょう。

例：XXと理解しましたが、その場合XXXやXXXの問題は起きませんでしたか?

●抽象的な発言には具体例を求めましょう。業界の一般論で終わらせず、そのエキスパートが持つ経験・具体例を引き出しましょう。

例：業界共通の課題として、XXXと理解しましたが、XX様が実際に直面した場面を具体的に教えていただけますか?

●可能な限り、数値で聞き返しましょう。

例：XXXのケースが大半、とのことですが、年間の発生件数を100とするといくつくらいでしたか?　その次に多いケースはどうですか?

●答えやすいように、聞き方を工夫しましょう。いろいろな聞き方をしてみましょう。

例：「KPI」・「管理指標」は何でしたか?　と聞くと「特にありませんでした」と答える方も、「現場では日々何の数値を重視されていましたか?」と聞くと回答が引き出せることもあります。

例：「サプライヤーを選ぶ要素は何か?」「導入に向けたハードルは何か?」といった質問では引き出せなくても、「過去に導入に至ったケース・そうじゃないケース、何が違いましたか?」と聞くと引き出せることも。「どういうステップで業者選定の検討をしますか?　誰が関与しますか?　それぞれどういった点を気にしますか?」など。

例：「全体の業務における、A業務の割合はいくつですか?」への回答は引き出せなくとも、「1週間のうち、A業務は何時間ほど行っていますか?」など。

●適切にタイムマネジメントを行いましょう。

事前に用意したインタビューガイドの一部しか聞けずに時間切れになることがないように、大事なことから聞く、ピンポイントの深掘りになりすぎない、変に細部にこだわったり、ガイドで組み立てた仮説に関係ないことを聞かない、という点に注意しましょう。

●最後は必ず丁寧に感謝を伝えて終えましょう。

一度インタビューを終えた後、検討を進める中で、追加で同じエキスパートに再度インタビューをお願いするケースもあります。基本的な礼儀ですが、再度のインタビューを快諾いただくためにも、相手への敬意・感謝を丁寧に示しましょう。

ステップ⑤インタビューの結果を踏まえ、アウトプットする

エキスパートインタビューはやって終わりにせずに、きちんとアウトプットにしましょう。

エキスパートインタビューならではのアウトプットとしては、「エキスパートの発言を、信憑性あるファクトとしてそのまま紹介する」「世の中にリサーチでは出てこない数値を、複数のエキスパートの知見を使い定量化して資料化する」などの手法も有効です。

Point 5

インタビュー②
消費者インタビュー

主な使用シーン

消費者インタビューは、商品やプロモーションといったマーケティング施策を検討する上で、消費者のニーズ、不満を抽出するために行います。企画の最も初期段階で気づきを得て仮説を持つために行うことが一般的です。

消費者インタビューには、インタビューする側とされる側が1対1の「デプスインタビュー」と、複数の消費者に同じ場でインタビューを行う「グループインタビュー」があります。

ここからは、消費者インタビューについて、準備・実行の具体的なポイントを解説します。

テクニック：対象者を選ぶ設問にこだわる

消費者インタビューの対象者は、外部の調査会社が集めたモニターに簡単なアンケートを行って選定するのが通常の流れです。この選定のための設問が極めて重要で、設問を誤ると目的に合わない対象者までインタビュー対象になってしまうことがあります。

たとえば、「○○に興味がありますか」という質問に対して、実際はそれほどでないにもかかわらず、「興味がある」と答えた方がインタビューに呼ばれるのではと想像して「興味がある」と回答する、といった具合です。したがって、その設問だけでインタビュー対象者を選定してしまうと、手間とお金をかけて場をセットしたのに、全く価値のない場になってしまいかねません。

こうした事態を防ぐために、「選定の条件がわからないようにする」とともに、「もう一段階深い設問をする」という2点を実践してください。

「選定の条件がわからないようにする」には、ダミーの設問を準備するのが有効です。「○○への興味有無でターゲットを識別したい」とすれば、他の△△や□□に対する興味の有無も同時に聞くようにします。さらに精度を上げて選別したい場合には、全てに対して「興味がある」と答えた回答者よりも、領域によって興味有無が分かれている回答者の方が正しく答えている可能性が高いので、そうした回答者を優先的に選びます。

「もう一段階深い設問をする」には、たとえば「○○への興味の有無」についてだけでなく、そのきっかけや対処方法などを聞き、本当に興味があるのかどうかをチェックします。

また、インタビュー当日の時間を有効活用するため、対象者に関する基礎的な情報は、この選定のためのアンケート調査に盛り込んで事前に把握しておくのがよいでしょう。

テクニック：インタビューシナリオは詳細まで書き出しておく

対象者の選定が終わったら、インタビューシナリオと当日使用するコンテンツの準備にとりかかります。

インタビューシナリオは、まずは簡単なアイスブレイクから入り、当日の目的と簡単な流れを説明した後に、回答者が答えやすい質問から入って徐々に複雑な質問をするよう組み立てます。

当日慌てないためにも、シナリオは全体の大きな流れだけでなく、どのタイミングでどんな質問をするかを全て書き出した上で臨むべきです。自由な意見が欲しいときはオープンクエスチョン、収束させたいときにはクローズドクエスチョンというように、得たい回答によって質問方法を変えます。2時間のインタビューを行うならワードで3～5枚程度の詳細な流れと質問文を準備しておきましょう。

なお、ビジネス関係者／有識者インタビューでは、こうしたシナリオの作成を省略することが多いのですが、基本的な考え方は同じです。

ルール：対象者の「基本情報俯瞰シート」を準備する

当日使用するコンテンツは、こちら側の関係者のみ手持ちで持っておくべきものと、消費者に提示するものの2タイプがあります。

前者については、既に事前アンケートで回答いただいている各消費者情報を途中で再確認したいケースも多々ありますので、一覧できる「基本情報俯瞰シート」を準備して持っておくようにしましょう（図表3－26）。

また、多人数の様々な発言を効率的にメモするため、各回答者×質問テーマで枠を切った空欄のシートを準備しておくのもよい手です（図表3－27）。前述のシナリオと合わせて、この3つがインタビューをする側の関係者が手持ちで持っておくべき基本セットです。

テクニック：意見の呼び水となるネタを準備する

意見の「呼び水」となるネタをインタビュー対象者のために用意することも重要です。消費者インタビューでは、具体的なアイデアやイメージが効果的です。なお、有識者やビジネス関係者インタビューでは、事例や思考のフレームワークを準備するとよいでしょう。

たとえば、消費者の潜在的なニーズを抽出するためには、欲しい商品／サービスについて自由に話し合ってもらうだけでなく、意見が停滞したときには、いくつか具体的な商品／サービスアイデアを投げかけてみます。また、ある商品に対して消費者が持っているイメージをあぶり出すためには、いくつかのイメージ絵を準備しておいて商品のイメージに合っているものを選んでもらうことで、言葉では表現しにくい内容を把握するといった具合です。

ただし、安易なイメージの提示は消費者に誤解を招いてしまうことになりかねませんので注意しましょう。たとえば、これまでにない新商品の話をしてもらいたいのに、意見を引き出そうという意図で安易に既存商品の写真をいくつか提示してしまうと、どうしてもその既存商品のイメージに引きずられた会話になり、本来聞きたいことが聞けない、あるいは誤解を解くために不要な時間を費やしてしまいます。

図表3−26　基本情報俯瞰シート（例）

	“睡眠”に対する悩み	気をつけていること	普段のライフスタイル
Aさん（男、33歳）	会社員（技術系）、既婚、子供あり、世帯収入：400万〜600万未満		
	生活に支障があるほどではないがいつも気になっている	・何もしていない	・コーヒー／炭酸／甘いものが多い ・毎日でないが飲酒、夜型のスタイル
Bさん（男、45歳）	会社員（技術系）、未婚、子供なし、世帯収入：600万〜800万未満		
	・・・	・・・	・・・
Cさん（男、61歳）	公務員、既婚、子供あり、世帯収入：400万〜600万未満		
	・・・	・・・	・・・
Dさん（女、31歳）	会社員（事務系）、未婚、子供なし、世帯収入：200万〜400万未満		
	・・・	・・・	・・・
Eさん（女、41歳）	専業主婦（主夫）、既婚、子供あり、世帯収入：400万〜600万未満		
	・・・	・・・	・・・
Fさん（女、75歳）	専業主婦（主夫）、既婚、子供あり、世帯収入：400万〜600万未満		
	・・・	・・・	・・・

アクセンチュア作成

図表3−27　「各回答者×質問テーマ」で枠を切った空欄シート（例）

	対処法・具体商品	対処法への不満	あったらいい商品（形状・効果を実感したい期間も）
Aさん（男、33歳）			
Bさん（男、45歳）			
Cさん（男、61歳）			
Dさん（女、31歳）			
Eさん（女、41歳）			
Fさん（女、75歳）			

アクセンチュア作成

テクニック：グループインタビューの人数は6～8名にコントロール

グループの単位は6～8名程度が基本です。経験上、5名以下だと消費者同士の議論が起きにくくなります。一方、9人を超えるとインタビューのハンドリングが難しくなります。

ルール：性別やライフスタイルの異なる消費者を同一グループに混ぜない

グループインタビューの大きな目的は、消費者同士で共通の話題で盛り上がってもらい、そこから気づきを得ること。そのためにも、各グループができるだけ同質な集団になるようコントロールする必要があります。

たとえば、極力男女は別のグループで開くべきであり、また女性でも、主婦と独身会社員では生活スタイルや志向が異なるので、別のグループにした方がよいでしょう。

テクニック：意見の偏りを避けるためにインタビューは2回以上実施

同じ消費者グループのインタビューは、少なくとも2回以上は実施しましょう。6人のインタビューを1回行っただけでは、意見に偏りがあって実態を読み誤ることが多々あります。

ルール：消費者の属性に合わせたスケジューリングを心がける

インタビューを行う日時にも留意してください。極端な例でいうと、30～40代男性を対象に平日の昼間インタビューを実施すればどうなるでしょうか。おそらく、平均的な30～40代男性の生活スタイルとは乖離したグループがインタビューに参加することになり、実態を読み誤ってしまうでしょう。開催者側が実施しやすい日時ではなく、集まってほしい対象者が集まりやすい曜日、時間帯に合わせてスケジュールを組むようにしましょう。

ルール：消費者に心理的圧迫を与えないため、インタビュー実施側の出席者に留意する

インタビューの部屋について、外部の調査会社に依頼する場合はマジックミラーで外から様子が窺える部屋を準備してもらえますが、当然その分費用も嵩みます。一方、一般的な会議室などでインタビューを行うことも十分可能ですが、その場合、インタビューに同席する関係者の人数には留意するようにしましょう。

全体参加人数に対して席に余裕がある大きな部屋を確保した上で、集まっていただく消費者の半数程度であれば、関係者が同席していても消費者に圧迫感を与えることなくインタビューを進めることができます。

テクニック：モデレーターは極力、当事者が担当する

インタビュー時の司会者（モデレーター）は、極力その企画の検討を進めている当事者が担当することをお勧めします。

当然、外部の調査会社にお願いすればプロの司会者を準備してくれますが、インタビューの場で想定外の流れになった場合、目的に応じて臨機応変に対応してインタビューできるのは、やはり当事者です。

ファシリテーションの品質は、その道のプロでなくとも十分に担保できます。仮に入社したばかりの社員が担当する場合でも、事前にインタビューシナリオとコンテンツの準備がしっかりとできていれば、全く問題なく遂行可能です。

また、コストの観点でも、インタビュー室とモデレーターの両方を委託する場合と、モデレーターを自分たちで行う場合では、概ね倍のコスト差があります。

なお、自分たちで司会を選ぶ場合、司会者は話しやすい雰囲気を作り出せる方がよいのは当然ですが、加えて、「消費者の気持ちを理解しやすい」「消費者に中立的に話をしてもらいやすい」という意味で、集まっていただく消費者属性とできるだけ近い方が望ましいと言えます。

ルール：当事者からの発言は少ないほどよい

インタビュー時の会話の進め方ですが、まず、こちら側の関係者からの質問は極力司会者1人に絞るようにしましょう。さらに、司会者もできるだけ発言せずに、消費者同士の会話が盛り上がるようサポートするのがベストです。

テーマから脱線して元に戻れそうにないときか、会話が停滞して呼び水が必要なとき以外、インタビュー当事者は極力口をはさまないようにしましょう。

ルール："話す機会を均等に"という配慮は不要

具体的にインタビューの場を仕切る上では、集まった消費者の中で深く話を引き出すべき人とそうでない人を見極めることも重要です。

こちらが求めるターゲットに集まってもらえるよう対象者を選定したとしても、それでも各グループで1人2人は対象とはズレてしまっている人が来てしまうことは往々にしてあります。こうした方は、自己紹介やテーマに関して普段心がけていることなどを聞く初期の段階ですぐにわかりますので、こちらからあえて話を振らなくても構いません。

一方、話したがりで、放っておくとその人ばかりが話してしまい、他の人の話が聞けないケースもよくあります。このような場合は、他の人に話を振ってもよいでしょう。

さらに、司会者はその意見が信頼性に足るかどうか頭を働かせながら、取り入れる価値のある意見とそうでない意見を仕分けます。そうすることで、インタビューにメリハリがつくのです。

テクニック：発言の信頼性を見極める問いかけをはさむ

インタビューの参加者は、当事者ではないため適当に回答していることもあります。一方、「報酬をもらっているからにはよいことを言おう」と、実施者を喜ばせるような発言をしてしまったりします。ですので、参加者の発言を鵜呑みにしないことが重要であり、理由を深掘りして聞くか、逆の意見を提示したりして発言の信頼性を見極めることも重要です。

たとえば、新商品のアイデアをいくつか提示したとき、全てに好反応を示した場合、それはもしかして、よく考えずに適当に答えているだけかもしれません。「具体的にどこがいいのか」「なぜいいと思うのか」など、深掘りして聞いてみましょう。もし、曖昧な返事が返ってくるようであれば、その意見は評価に組み込むべきではありません。

あるいは、「ある商品をある価格で買いたいと思うか」という質問の場合、周りに見栄を張って、本来購買意向のある価格より高めの価格を提示されても、「買う」と答えているかもしれません。そのような場合、逆の意見を提示することで信頼性を測ります。具体的には、「他のグループでは、その価格だと高いという意見がほとんどでした」という話を出してみて、「やっぱりそうだよね」となるか、怪訝な顔をするかで、先ほどの意見の信頼性を見極めることができるでしょう。

テクニック：軌道修正を図るため、休憩を挟む

最後に、ちょっとしたテクニックですが、参加者のためだけでなく、インタビューする側が軌道修正を図るための貴重な機会としても、途中休憩を1回は挟むようにしましょう。

Column

インタビューメモを取るコツ

インタビューを行う際に注意すべきことの一つは、人は自分の考えを言葉で完全には表現することができない、ということです。インタビューでは、インタビュイーの発言を機械的に拾って内容を鵜呑みにするのではなく、インタビュイーの言動・仕草から、本当の考えを探

り当てることが重要です。自動車で有名なヘンリー・フォードは、“（自動車というものが浸透していない時代に）顧客に望むものを尋ねたら、早い馬が欲しいと言うだろう”という言葉を残しています。顧客の声をそのまま受け取ってしまうと、顧客の真のニーズが早い移動手段であるという本質的な部分を取りこぼしてしまいます。

本当の考えを探り当てるための一つの工夫は、インタビューメモの取り方です。インタビュイーの発言を自分の頭の中で解釈し、要約してメモすることは、内容を表層的・機械的に理解することに繋がり、あまりよい方法ではありません。メモの量が多くなり大変な方法ですが、インタビューの一部始終の映像をそのまま写し取るようなメモを取ることが、本当の考えを探り当てるための考察材料を多く記録することができます。以下ではメモの取り方のコツを3つ紹介します。

①インタビュイーの発言そのままの言葉でメモを取る：

インタビュイーの使う単語や言い回しについて、インタビュアーの考える意味と齟齬がある可能性があります。後からじっくり読み解いていくためにも、そのままの言葉でメモを取ります。

②インタビュー中にインタビュイーが矛盾する発言をしたり、発言を訂正した場合も、両方メモを取る：

発言の矛盾や訂正は、インタビュイーの葛藤や迷いのしるしになります。本心を探るための手がかりとして両方とも記録しておきます。

③インタビュイーの仕草や表情についてもメモを取る：

インタビュイーから得られる情報は、言葉だけではありません。“怪訝な顔をしながら話していた”、“声が大きくなりトーンが上がった”、“目を逸らした”なども、本当の考えの手がかりとして併記しておくことが重要です。

インタビューの中でインタビュイーの本当の考えを察し、その内容に応じた質問を投げかけ、臨機応変に情報収集できるようになるには経験が必要ですが、先に説明したように、メモの取り方を工夫することで本当の考えを探り当てるための材料をできるだけ多く集めておき、後からじっくり見返して考察を深める方法であれば、経験の少ないインタビュアーでも実現可能な方法です。是非、取り入れてみることをお勧めします。

Point 6

デザインシンキング型ワークショップ

ワークショップの主な使用目的

ビジネスリサーチの場面でのワークショップは、体を動かしたり、付箋などの道具を使ったアクティビティをグループで行うことを指します。ワークショップで使われるアプローチは様々ですが、言語化されにくい新しい視点・情報を引き出し、集合知のメカニズムを効果的に活用できる点で、通常の会議とは異なる成果を期待できます。

本章では、特に近年、ワークショップの中でよく取り入れられる「デザインシンキング」のアプローチについて、実践面を中心に解説を加えます。

余談になりますが、日本のビジネス現場においては、ワークショップが合意形成を目的として使われるケースも少なくありません（組織内やリーダー間の合意形成を重視すると言われる日本企業の特性でしょうか）。特に、ファクトベースで善悪をはっきりつけがたく、思いや価値観の問題になるような論点については納得のいく意思決定を下すことが難しいため、ワークショップを通じて感情的な拠り所を作り、言質を取ることで納得感を醸成するという意図で活用されることがあります。ですが、本書の趣旨はリサーチ技法ですので、合意形成についての解説は割愛します。

デザインシンキングとはどのようなアプローチか

デザインシンキングは、デザイナーの手法をビジネスへ取り入れて作られた、ビジネスイノベーション創出を促すいくつかの基本的な考え方と、それらに基づくアプローチの集合体です。英米大学・研究機関や、デザイン会社IDEO等を中心に、手法が確立されてきました。昨今では国内でも認知度が高まり、デザインシンキングのアプローチを取り入れる企業が増加しています。

ビジネスの現場では、デザインシンキングが得意とするイノベーションの対象範囲を広げ、従来のアプローチでは解決に詰まった企業課題やプロダクト・サービス開発、パーパスの定義や組織文化作り、業務オペレーション改善まで幅広い領域で課題・ソリューションの発見・検証の手法として活用されています。テクノロジーの進歩を始め事業環境の変化が激しい昨今、従来の仮説思考が有効に活用できないケースが増えてきたことで、ゼロから仮説を探索するデザインシンキングのアプローチへのニーズが高まったのではないでしょうか。

実際のビジネスにおいては、本来のデザインシンキングの哲学は引き継ぎながら、やや亜流な方法で実施されていることは否定できませんが、本書では実践されている手法をベースに説明を進めます。

デザインシンキングは大きく3つの流れで進め、各フェーズに有効な具体的手法がいくつも存在し、それらを組み合わせて実施します。

図表3−28 デザインシンキングの3つのフェーズ

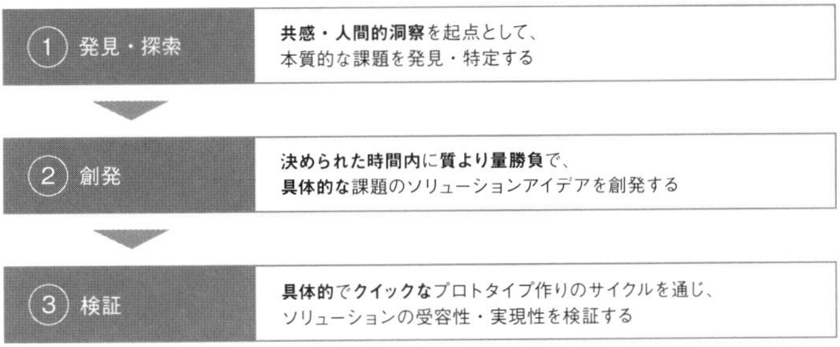

アクセンチュア作成

デザインシンキングの基本的な考え方には、図にも含まれている“共感”、“決められた時間での質より量勝負”、“具体的なアイデアを大事にし”“発散と収束のプロセスを繰り返す”、さらにこれらを“多様性を持つ人材のチームでコラボレーションしながら進める”という特徴があります。これらはデザインシンキングの手法確立の中で有効性が認められ、重要とされた考え方です。

本来、①〜③まで全体を通じて取り組む方がもちろん効果が高いものの、実際には一部のフェーズのみを切り取り、具体的手法を単発で実施する使い方もされます。また、“発散と収束の繰り返し”が情報整理の手法としても汎用性が高く優れているため、実態としては“共感・人間的洞察”とやや切り離された文脈で活用されるケースも少なくありません。

参考までに、デザインシンキングに不慣れな参加者にもその基本的な考え方をすぐに実践できるように、実際にワークショップの冒頭で使われている注意書きを掲載しておきます。

図表3−29　ワークショップ参加にあたっての注意事項

DOS	DON'TS
Safety and trust 安全な場で信頼しあう	No summarize すぐに結論をまとめようとしない
Active listening 自ら人の話を聞こうとする	Focus on now 落とし所を見据えない
Write individually to Discuss 付箋に書いてから皆にシェアする	No pushing 質問で押し進めない
Enjoy silence 沈黙の時間に慣れる	No Hierarchy 偉い人かでなくその人自身を見る
Imaginative 想像力を豊かに	No PC・No mobile 関係のない電子機器はしまう

アクセンチュア作成

適切なデザインシンキングの手法を選ぶ

リサーチでは、目的に応じてどの手法を活用してワークショップを実施するかを決定の上、準備を進めます。また、目的だけでなく、特にフォーカスしたいサブテーマや参加者の習熟レベルなども考慮し、アクティビティを行いやすい方法にカスタマイズすることも重要です。テンプレートに沿って実施すれば必ずうまくいく、ということは実際のデザインシンキングにはありませんが、ここでは各フェーズにおいて目的ごとにワークショップの形で取り入れやすいデザインシンキングの主な具体的手法をいくつか紹介します。

フェーズ①発見・探索

このフェーズは、テーマに関連する要素を一度無秩序でもかき集めて発散させ、“共感”に沿って整理・体系化することで、本質的な課題に収束させるフェーズです。ここでのポイントは、単に出てきた事象・意見等の情報整理・体系化に留まらず、内容に対して参加者全員が“共感”し、“共感”に基づく討議を行うこと。“共感”は、発散の中でより具体的で深い洞察を引き出すトリガーになると同時に、収束の中でも本質的なものとそうでないものの見極めの拠り所となり、“共感”できているかどうかがワークショップの質を大きく左右します。

目的別の主な手法

●組織や人間関係が鍵となる課題の分析を行いたい→主な手法「Stakeholder Mapping」

ある事象に関連する登場人物（ステークホルダー）を洗い出し、ステークホルダー間の役割分担・コミュニケーション方法や内容・パワーバランス・感情などの関係を整理して、事象の背後にある組織・人間的なメカニズムの全体像を洗い出す。

●一連の体験が鍵となる課題の分析を行いたい→主な手法「Journey

Mapping」

テーマに対して、行動ステップ別にユーザーの具体的な行動と思考・感情を推察・整理し、ペインポイントやインサイトを発掘する。

手法自体は、2）創発、3）検証フェーズでもソリューションアイデアのブラッシュアップを目的として使用される。

●強みと弱みの分析を行いたい→主な手法「Rose、Thorn、Bud」

テーマに対して、参加者が良い点（Rose）、悪い点（Thorn）、可能性のあ

図表3−30　ワークショップのアウトプットイメージ（Journey Mappingで作成）

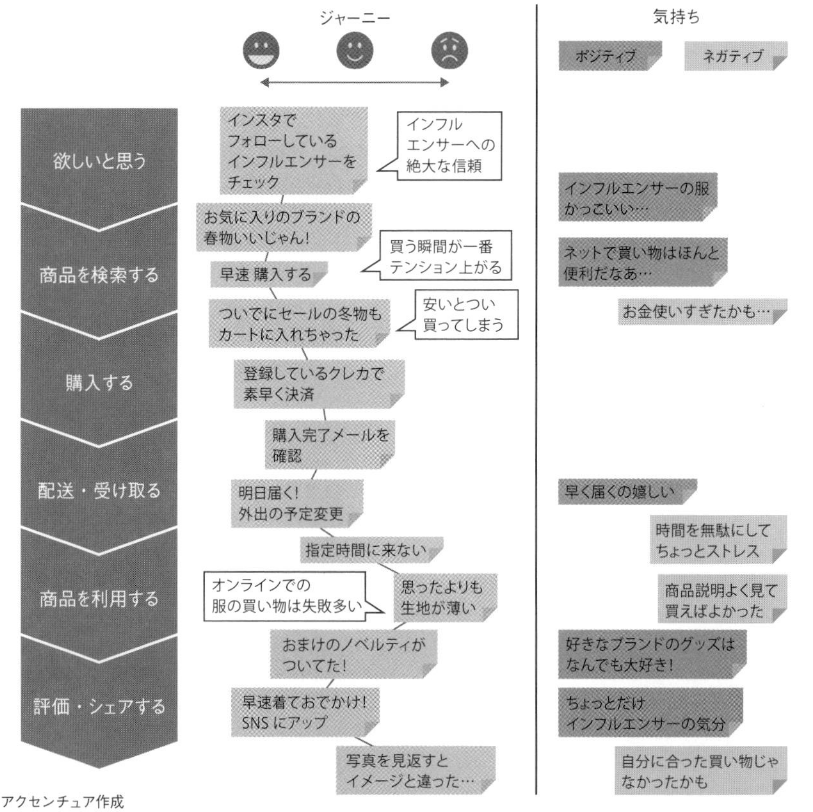

アクセンチュア作成

るもの（Bud）を指摘し、整理する。

●漠然としている課題の全体を俯瞰したい→主な手法「Affinity Diagram」

テーマに関連する一連の情報を可視化し、グルーピングを行った上で、各グループの共通点や本質、グループ間の相関性について討議を深め、示唆を得る。2）創発においても、ソリューションアイデアの整理を目的に使用される。

フェーズ②創発

このフェーズは、特定した本質的な課題に対して、一度ソリューションアイデアの量を出して発散させ、有効なものを見極めて収束させていくフェーズです。ここで重要なポイントは、アイデアを討議していく上で、他の参加者の考えを否定せず、乗っかることで新しい発想が出てこないか考え抜くこと。課題をとりまくユーザーだけでなく、参加者に対する“共感”も鍵となります。また、それぞれの得意な領域を創発に生かしつつ、専門領域や肩書きにとらわれず、皆がフラットな立場から討議を交わすことが重要です。デザインシンキングの専門家は、仕事の中で全く知らない業界のサービスやプロダクトについて考える機会に直面することが多いですが、“その領域について全く専門でないことがフラットな視点を与え、価値になる”と考えているそうです。

目的別の主な手法

●課題から具体的なアイデアの方向性を定めたい→主な手法「Statement Starter」

ある課題への回答として、決められた時間内に「How Might We（我々はどうすれば〜できるか?)」という枠組みで作文し、ソリューションの着眼ポイントとなるアイデアを引き出す。

●とにかくゼロベースで課題に対するソリューションアイデアを捻り出したい→主な手法「Crazy 8」

ある課題に対するソリューションアイデアを、1分間×8つ個人で考え、イラストやキーワードで紙に書き出し、よいと思ったものを選んで発表し合う。

●具体的な手段もアイデアのヒントにソリューションアイデアを考えたい→主な手法「Creative Matrix」

ある課題に対して、いくつかのイネイブラー（課題解決の助けとなりそうなツール、人、組織、サービスなど）を設定し、イネイブラーを起点としてソリューションアイデアを出す。

●ある程度方向性が見えてきたソリューションアイデアの内容を具体化したい→主な方法「Solution Sketch」

あるソリューションアイデアについて、コンセプト、ターゲットユーザー、ターゲット課題、狙う効果、仕様や機能、外観、仕組み、活用シーン・方法などを、手書きのイラスト等で数枚の紙に書き出し、さらに具体化する。

●ある程度方向性が見えてきたソリューションアイデアをブラッシュアップしたい→主な手法「Round Robin」

ソリューションアイデアをグループ内で回し、批判と改善案を順番に書いていくことでアイデアの具体化・強化を図る。

●ソリューションアイデアを絞り込みたい→主な方法「Importance & Difficulty Map」

出てきたソリューションアイデアを四象限で並べ、重要性（課題へのインパクト）と実現性（ヒト・カネ・モノ等）を検討し、アイデアを整理・評価する。

フェーズ③検証

このフェーズは、ソリューションアイデアをさらに具現化して、実行に向けた準備をします。デザインシンキングならではの点として、実行すべきかの判断のために、ビジネス・技術上のフィージビリティだけでなく、“共感”を基にユーザー受容性（課題をとりまくユーザーにソリューションが受け入れられ、喜ばしいものになるか）も念入りに検証します。ビジネス・技術上のフィージビリティ・“共感”の3つの全ての観点で合格となったソリューションこそが、優れたソリューションとして実行に向けて動き出すこととなります。

また、不完全でもクイックに簡単なプロトタイプを作って試し、小さく失敗しながら改善を短期サイクルで繰り返す、いわゆるアジャイルな方法を取り入れて検証を進めることもポイントです。検証を経てあまり筋のよくないソリューションだと判明した場合、一つの発見と捉えて、前のフェーズに立ち返って再度検討し直しましょう。

このフェーズからは、巻き込まれる人の数や質も変化し、モノ自体を製作できる技術者や、サービスを実際に提供している現場のプロフェッショナルな人材なども登場します。さらに、②でも紹介したコラボレーションやプロジェクトの参加者に対する共感、リスペクト、得意領域を相互に補完し合い生かしながら、専門領域や肩書きに捉われないフラットな視点の両立が重要です。

目的別の主な手法

●形のあるソリューションを検証したい→主なアプローチ「Prototyping」

出てきたソリューションアイデアについて手を動かして試作し、活用シーンを想定して実際に使用した上で、使用感を確認する（グループでの討議や、複数の案について相互にプレゼンを行う等）。

通常、試作は段階を踏み、まずはイラスト、粘土や段ボールなど、簡易なもので作成する。

●形のないソリューションを検証したい→主なアプローチ「Roleplaying」

出てきたソリューションアイデアについて、ロールプレイング（寸劇）を実施し、実際の運用に移す価値のあるものかを確認する（グループでの討議や、複数の案について動画に記録し相互にプレゼンを行う等）。

ワークショップの事前準備

使用するアプローチが決まったら、事前に運営メンバーでワークショップのシミュレーションを実施し、目的に合致するアウトプットに落とせそうかを確認します。シミュレーションは数回行い、アウトプットに至る手順、時間、インストラクション内容、ワークテンプレート等について改善ポイントを確認し、ワークショップを設計していきます。ファシリテーターを呼ぶ場合には、ファシリテーターも巻き込んだワークショップのシミュレーション練習も行うことが望ましいでしょう。練習では、ワークショップの目的や意図、アウトプットイメージ、ツールや備品の使い方・使うタイミング、ファシリテーションのポイントなどを説明し、実際に取り組んでみた中での迷いや疑問点を解消していきます。

ワークショップの参加者を設定する

使用するアプローチにもよるものの、アクティビティの取り組み人数は1つの話題に全員で会話できる4～5人程度が望ましいです。全体のアウトプットの量を増やすという点で、複数グループを作るとよいでしょう。

参加者の選定において、まずはテーマと密接に関係し、引き出したい情報を持っていると思われる人をターゲットにします。対象となる業務を担っている人、マネジメントしている人、対象の商品を使っている人、テーマの専門家等です。

企業で実施する場合、ファシリテーション側が参加者の部署、年次、役割、そのテーマについてどのくらいのスキルや知見があるか、前職や他の知見を持ち合わせているか、人間関係、人柄等確認しておきます。

消費者など一般の人を招く場合、インタビューやアンケート同様、ワークショップの目的に沿って参加すべき人の属性等をリサーチした上で、参加者を集めます。また、参加者が決定したあとには、事前にプロフィールをチェックし、基本的なバックグラウンドや、テーマに対する理解度（ヘビーユーザーか、など）、人柄等も可能な範囲で把握しておくとよいでしょう。

また、デザインシンキングの重要な要素である参加者の“多様性”にも配慮し、参加者を決定します。多様性は対話の切り口に新鮮な観点を与え、ワークショップの質を左右する重要な要素の一つです。幅広いバックグラウンドを持つ候補者へ声がけし、専門性を補完し多様性を担保するようなグループを組成することも、質を高めるための工夫として有効です。

イノベーションを生み出す先進企業では、たとえばITテクノロジスト、文化人類学者からデザイナー、理学博士まで、人事戦略レベルで多様なバックグラウンドを持つ人材を集めています。テーマによりケースバイケースではあるものの、誰も答えのないテーマに取り組み、大掛かりなイノベーションを企図する場合には、特に“多様性”に配慮した参加者の選定を行うべきだと言えるでしょう。

さらに、グループ組成においては、多様性だけでなく、人柄や立場を踏まえてアクティビティを円滑に進められそうかも検討のポイントになります。社員の場合は特に、上司や他部署に忖度し、率直な発言が出てこないのを防ぐ配慮が必要です。

ワークショップの実施①導入

ワークショップのアジェンダは、「導入」「アクティビティ」「まとめ」の三段構成が基本です。

導入パートでは、ワークショップの目的・全体の流れの説明、自己紹介、アイスブレイク、レクチャー等を行います。

目的の説明では、やや抽象的に目的を伝えておくことがポイントです。目的を具体的に伝えてしまうと、結論ありきの予定調和、事実を捻じ曲げた発言が出る可能性があるため、注意が必要です。たとえば、“業務オペレーションの可視化と不要人員の削減”という目的の伝え方は、あらかじめアクションの方向性が提示されており、人員削減の恐怖から事実を捻じ曲げて自分の業務の重要性を強く語る懸念があるので、“業務効率化に向けた現状把握”と言い換えた方がよいでしょう。

自己紹介やアイスブレイクは、初対面や厳格な企業文化、全体の雰囲気が硬いケースでは真剣に準備するべきアジェンダです。素直に発言しやすい雰囲気作りは、ワークショップの質に大きな影響があるためです。体を使ったアイスブレイクは緊張がほぐれるためオススメです。

さらに、導入パートの中に専門家によるレクチャーや、市場トレンド等の基礎情報をインプットするパートを入れ、共通の知識・枠組みの基盤を作ったり、創発のインスピレーションとなるような知的刺激を参加者へ与えることで、後続のワークショップの質を高める工夫も有効でしょう。

図表3-31　アイスブレイクの例

Who will be champion?　アイスブレイク

① 立ち上がって隣の人とジャンケンをしてください。負けた人は勝った人の後ろについてください。

② 勝った人は、他の勝った人とジャンケンをしてください。負けた場合は、勝った人の列の後ろについてください。

③ 上記を繰り返し、ワークショップ内のチャンピオンを決めます。

アクセンチュア作成

ワークショップの実施②アクティビティ

アクティビティはワークショップの本丸部分で、目的に沿って選んだアプローチを実施するパートです。基本的に、デザインシンキングのアプローチ自体が、円滑な実施と質の向上の工夫を凝らしたものなので、各々の方法を実践していけば問題はないですが、ここでは、共通して注意すべきTipsをいくつか説明します。

1）ファシリテーション

ワークショップではアクティビティの活性化をサポートするファシリテーター役をグループに最低1名は用意します。ファシリテーターは想像以上に気を配ることが多く、経験が求められます。ここでは、有意義なワークショップのために、ファシリテーターが具体的に行うべきアクションをいくつか紹介しておきましょう（図表3－32）。

さらに、当日はファシリテーター同士の連絡ツールを用意し、リアルタイ

図表3−32　ファシリテーターのやるべきこと

- インストラクションの内容が参加者に適切に伝わっていない際にはフォローする

- 盛り上がらないとき、なかなか行動に移せないときに口火を切る、盛り上がっているときは見守りつつ、本来行うべきことからずれてしまった際は軌道修正する

- 参加者全員が積極的にアクティビティに参加できるよう配慮する
  - ・わかりにくい発言があった場合、発言者に対して質問を投げかけ、具体的な言葉に言い換えてもらうことにより、全員が理解できるようにする
  - ・輪に入れていない参加者を見つけて発言を振る、わからない点がないか声をかける
  - ・文脈を無視した発言がしにくい雰囲気が出来上がってしまった場合、ファシリテーターからあえて反対意見や別観点の可能性を提示し、素直な考えを引き出す

- デザインシンキングの考え方を実践できていない参加者をフォローする。特にあまり慣れていない参加者によく見られるポイントは以下の通り
  - ・"共感"に基づく思考ではなく、通常の会議のような正論・一般論の発言
  - ・じっくり考えすぎて時間がかかる、なかなか発言が出てこない・手が動かない
  - ・具体的で散漫な発言に抵抗があり、頭の中で吟味し一般化・抽象化してしまう

- アクティビティの内容を補完する
  - ・あまり慣れていない参加者が多い場合、付箋のグルーピング等、討議の下地を作る作業をファシリテーターが担う
  - ・討議が盛り上がると、付箋に書き出す等参加者がやるべきことを忘れてどんどん時間が経ってしまうことがあるためフォローする
  - ・成果物には残りにくい討議の流れや討議が帰着した背景などをメモしておく

アクセンチュア作成

ムで状況を共有するのがオススメです。その場での時間配分の変更や、どのチームも似たような内容となった場合に、より立ち入ったトピックの深掘りに切り替えていくなど、柔軟な対応、他グループの状況を参考に自分のグループにアドバイスするといった工夫ができ、より内容を充実させることができます。

2）アウトプットと現在地の可視化

事前にアクティビティのアウトプットイメージ、サブアジェンダや枠組み等を整理し、シミュレーションを行っておきましょう。そうすることで、参加者がワークショップの時間の多くを内容に集中できます。

また、参加者には、流れについていくのが苦手な人もいることに留意し、今何をアウトプットすべきか、何について話しているのか等、参加者が頭の中で整理しながらアクティビティに取り組めるよう、可視化しながら進められる方法を考えておきます。

具体的な策としてよく使われるのは、模造紙、ホワイトボードや付箋の活用による視覚的整理です。デザインシンキングの手法には大抵その仕組みが手順に含まれており、公開されているテンプレートや手順も多数あるため、手順に沿って実施すれば、あまり心配はいりません。最近はMiroなどオンラインワークショップができるツールもあります。

別のテーマに関するアウトプットイメージをあらかじめ参加者に見せることも、情報の粒度などイメージがつきやすくなるためお勧めです。

3）雰囲気・環境作り

基本的な工夫ですが、場所、設備、備品など環境面の工夫も有効です。コミュニケーションが取りやすい机の配置、お菓子や飲み物の準備、照明や音楽、インテリアや装飾などもワークショップのコンセプトに合ったものを選ぶなど、“おもてなし”の心を忘れないようにしてください。会場も、おしゃれなレンタルオフィス、カフェの貸し切り、ホテルでの集中合宿など、通常の会議らしからぬ場所に会場を変えて、業務と切り離されたフレッシュな状態を演出することもお勧めです。

ワークショップの実施③まとめ

まとめでは、実施内容の発表等を通じて、最終アウトプットとそこに至るまでの経緯を振り返り、参加者が順番に感想や追加の意見を述べる機会を作ります。参加者が一歩引いた目線で内容をもう一度考えることで、別の視点を引き出せる可能性があるため、時間は多めに取っておいて損はありません。

複数のグループで行う場合は、グループごとに発表を行い、Q&A・相互フィードバックを行うことで、全体としての示唆・考察を加える時間として活用します。相互フィードバックについては、大人数の場合、全員の考えを取り上げることは難しいため、"I Like／I Wish"（模造紙をLike／Wishのエリアに区切り、参加者各々が発表に対してLike＝よいと思った点、Wish＝改善点、を付箋に書き出し貼っていく）といった形に残す方法も活用し、後から確認します。そうすることで、全体の総意や、ワークショップの時間に消化不良だった人の考えを知ることができ、その先のリサーチ方針の検討や、個別フォローアップが必要なこと等も確認することができます。もちろん、次のワークショップに向けた反省・改善にも役に立ちます。

さらに終了後には、ワークショップの成果を整理して今一度内容を振り返り、リサーチ全体の中で活用できる情報を仕分けます。アクティビティの内容を録音・撮影し、成果物は必ず残しておきましょう。特に付箋を使うワークでは頻繁に付箋が張り替えられるため、議論の流れを読みながら途中経過がわかるように時系列で写真を撮り記録しておくのがポイントです（ゆえに、ファシリテーターが写真撮影係を兼任することが多いです）。

第4章

リサーチのケーススタディ

本章では、いくつかの仮想的なリサーチ例を題材に、具体的なリサーチ作業の進め方・アウトプット化について解説していきます。各ケースにおいて、第1章で紹介した「リサーチの作業ステップ」、つまり「目的の確認」「リサーチプランの設計」「リサーチの実行・アウトプット化」の流れに沿って解説していますので、“何のためにこのリサーチを行うのか”、“どうやって答えを導き出していくのか”、“どういう見せ方を心がければよいのか”を意識しながら読み進めてください。

Scene 1

【顧客を調べる①】取引先の実態を調べる

目的の確認

ある日用品メーカーが営業の効率化を進めようとしていると仮定します。現在は、中小の小売店にまで直接セールスパーソンが訪問して受注を取ってきている状況であり、ここに効率化の余地があるのではないかという粗い仮説があります。しかし、営業の回り方を変えればいいのか、1店あたりの滞在時間を短くすればよいのか、あるいは、そもそも訪問しなくてもよいのか、効率化の方向性は多岐にわたるため、見極める必要があります。

図表4-1 リサーチの目的

答えるべき問い	1 中小小売店への営業活動効率化にむけてとるべき方向性は？ 2 業界全体として、直接訪問以外での受注はどのくらい浸透しているのか？ 3 特に、インターネットによる受注の浸透度は？ 4 直接訪問以外での受注によって、受注減のリスクがあるか？ 5 受注減のリスクをどうすれば減らせるか？
企画のステージ	仮説立案／仮説検証
まとめるイメージ	具体的な定量データを提示することで、上司など社内の幹部の意思決定を促す資料をパワーポイント数枚程度で作成する

アクセンチュア作成

そこで、具体的な効率化の方向性の仮説を出し、検証していくために、中小小売店からの受注の実態や今後の意向を調べることにしました。

リサーチプランの設計

本件は小売業者の実態を調べる必要がありますので、いわゆる一般的なWeb検索や文献などからはなかなか情報がとれないことが予想されます。したがって、データを「さがす」よりも「つくる」手法をとり、仮説立案のためには「フィールド調査」を、仮説検証のためには「アンケート調査」を用いることにしました。

図表4−2　リサーチの手法

調査技法	情報源	取得したい情報
アンケート調査	外部アンケート会社を活用	小売店におけるメーカーへの発注（特に直接訪問時以外）の実態
フィールド調査	取引先	自社の営業活動の実態

アクセンチュア作成

自社活動の改革における仮説立案では、とにかく現場に行ってみることが一番です。ですので、今回も「フィールド調査」で自社のセールスパーソンの訪問に同行することに。営業同行は、スピードが求められるため最小限の人数で行う必要がありましたが、1名のみでは個人の特殊な傾向に引きずられて間違って解釈するリスクが高いので、複数人に実施しました。また、社内の評価が高い人と低い人それぞれに同行することで、比較による示唆が出やすいようにしました。仮説検証においては、ある程度定量的にデータを示すことで説得性・納得性を上げる必要があるため、「アンケート調査」を選択しました。

なお、自社のセールスパーソンによる取引先へのインタビューも、今回のリサーチにおける効果的な手法としての選択肢の一つではありますが、合意形成、実行に時間がかかり、現場に負荷をかけることになると判断しました。また、今回はスピードが求められていたので、インタビューではなく、外部の調査会社を活用したアンケート調査を行うことにしました[*1]。

リサーチの実行・アウトプット化

フィールド調査で大枠を捉える

まず、営業同行による「フィールド調査」によって、いくつかの改善策が見えてきました。たとえば、社内評価の高い人は、低い人に比べて営業先の回り方（ルートの選び方）が効率的で、評価が低い人は、1店あたりの滞在時間が長いことがわかりました。

また、もっと大きな問題として見えてきたのは、社内評価の高低にかかわらず、全ての営業パーソンがわざわざ訪問する必要性がない店舗を相当数訪問していたことでした。

たしかに、今納入されていない商品を提案したり、注文された品を送り届けるなど、少なくとも誰かが訪問する必要があるように思われる場合もありました。しかし、訪問先の半数以上では、先方の注文を受けるだけであり、その注文内容も、既に納入されている商品で在庫が切れそうな品を補充する

*1　第3章：フィールド調査「ルール：検証したいポイントを明確化する」（121ページ）。

ための定期的かつ単純な注文であり、わざわざセールスパーソンが行って注文を受ける必要性がないことがわかったのです。

こうした訪問をインターネットや電話による受注で代替できるのであれば、セールスパーソンが訪問する先は大幅に絞られ、大きな効率化に繋がります。したがって、このテーマを最優先で取り組むべき改革の方向性の仮説として定め、深掘りするための検証を行うことにしました。

仮説をアンケート調査で検証する

しかし、この説を社内の関連者に軽くぶつけてみたところ、「セールスパーソンが直接訪問するからこそ発注してくれるのであり、直接訪問でなければ売上に悪影響が出るので、インターネットや電話による受注の仕組みは導入すべきでない」という声もありました。また、「そもそも中小の小売店だと業務上のインターネット利用がまだ浸透していないので、インターネット受注は難しいのではないか」という懸念もありました。

営業活動の効率化を前進させるには、仮説を検証しつつ、社内の否定的な意見に対峙できる提言に取りまとめていく必要があります。そこで、この仮説を定量的なデータを用いて説得性、納得性を高めるため、アンケート調査に進むことにしました。

アンケート調査は、これまでの流れから、Web／電話／Faxでの受注の可能性を探ることを大目的として、答えるべき問いは4つ（図表4－1「リサーチの目的」における、答えるべき問い2～5）に設定しました。

ここからは、当アンケート調査における設計・実行上の要点を、最終的なアウトプットのイメージとセットで解説していきます。

業界全体として、Web／電話／Faxでの受注はどのくらい浸透しているのか？

まず「業界全体として、Web／電話／Faxでの受注はどのくらい浸透しているのか？」についてのアンケート調査から見ていきましょう（図表4－3）。

図表4−3　中小小売店における仕入れ業者別の発注手段

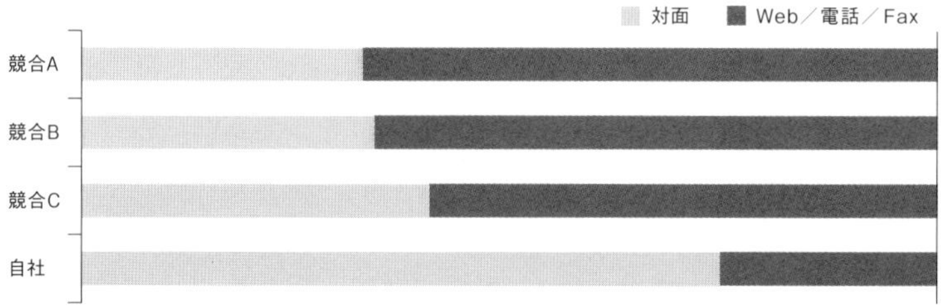

アクセンチュア作成

ここでは、中小小売店の発注手段の傾向を、全体だけではなく仕入れ業者（メーカー）別に分けて聞いたことがポイントです*2。

それによって、競合メーカーは総じてWeb／電話／Faxでの受注が主であり、対面受注にこだわっているのは自社だけであることがわかりました。

ただし、この段階で「自社がWeb／電話／Faxでの受注に舵をきるべきである」という結論を出すのは時期尚早です。なぜなら、競合他社がWeb／電話／Faxで受注しているところを、あえて自社が対面営業することで、競合に対する自社の差別化要因、強みになっている可能性があるからです。したがって、後段で述べる「Web／電話／Faxでの受注にすることによるリスクの見極めとその対策」の検討が重要です。

特に、インターネットによる受注の浸透度は？

次に「特に、インターネットによる受注の浸透度は？」というアンケート結果を見てみましょう。

---

*2　第3章：アンケート調査「Ⓐ母集団を選ぶ：仮説の広さに対応できるよう母集団を設計する」（92ページ）。

図表4−4　中小小売店におけるインターネット利用状況

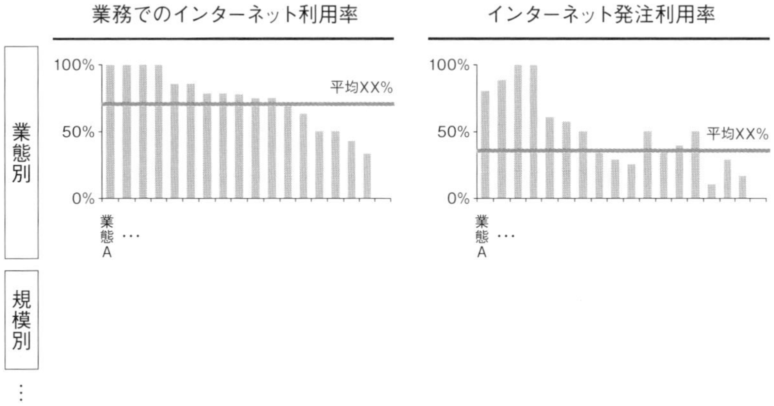

アクセンチュア作成

ここでのポイントは大きく2つ。1つ目は、仮説に基づいた設問の工夫です[*3]。

現時点では、発注業務にインターネットを活用している中小小売店はまだ少ないという仮説でしたので、発注業務だけでなく、業務全体としてインターネットを利用しているかどうかという設問を織り込みました。

それによって、現時点の状況だけを見て諦めるのではなく、少なくとも業務全体でのインターネット利用率は高いことから、こちらからの働きかけによっては発注業務においてもインターネット利用を促進できる可能性があることを示すことができます。

2つ目は、業態や規模などタイプ別の傾向を見たことです[*4]。それによって、どんな小売店であればインターネット発注を利用する可能性が高いかを識別することができました。

＊3　第3章：アンケート調査「ルール：実査前に分析グラフのイメージとメッセージの仮説を持つ」（97ページ）。
＊4　第3章：アンケート調査「Ⓐ母集団を選ぶ：仮説の広さに対応できるよう母集団を設計する」（92ページ）。

Web／電話／Faxの受注による受注減のリスクがあるか？

次に「Web／電話／Faxでの受注によって、受注減のリスクがあるか？」というアンケート結果を見てみましょう。

「直接訪問でなければ発注が減るか」と直接聞いたところで、顧客自身もはっきりしたことはわからず、適当な回答になってしまうことが想定されます。直接聞いても信頼性の高い情報が得られそうにない場合は、複数の設問を組み合わせてアンケート設計の工夫をします。

ここでは、「発注手段は対面か否か」ということと、「過去3年間に仕入れ量が減ったかどうか」ということを別々に聞きました[*5]。このように要素を分解したことで、個々の設問に答えやすくなって信頼性が高まります。

また、2つの質問を組み合わせて分析することで、Web／電話／Faxの受注の場合は長期的には仕入れ量が減りやすい傾向にあることがわかりました。

図表4―5　受注手段別の仕入れ量増減傾向

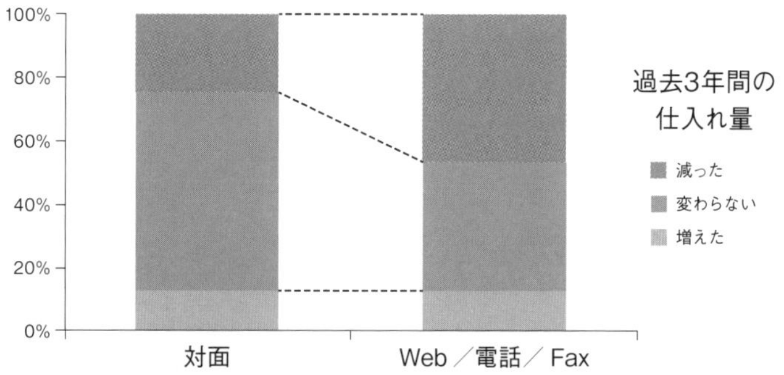

アクセンチュア作成

＊5　第3章：アンケート調査「テクニック：選択肢の切り出し方にこだわる」（99ページ）。

受注減のリスクをどうすれば減らせるか？

最後に「受注減のリスクをどうすれば減らせるか？」というアンケート結果です。

アンケートにおいて「どうすればいいか」と自由設問で投げかけたところで、よい回答は得られません[*6]。回答者が答えやすいように丁寧に設問を設計する必要があります。

ここでは、仮説ベースで具体案を選択式にして選んでもらうようにしました[*7]。これによって、条件によっては直接発注以外での発注に積極的に移行してもらえる可能性があることと、その条件の具体的な方向性を示すことができました。

図表4−6 Web／電話／Fax受注移行のための条件

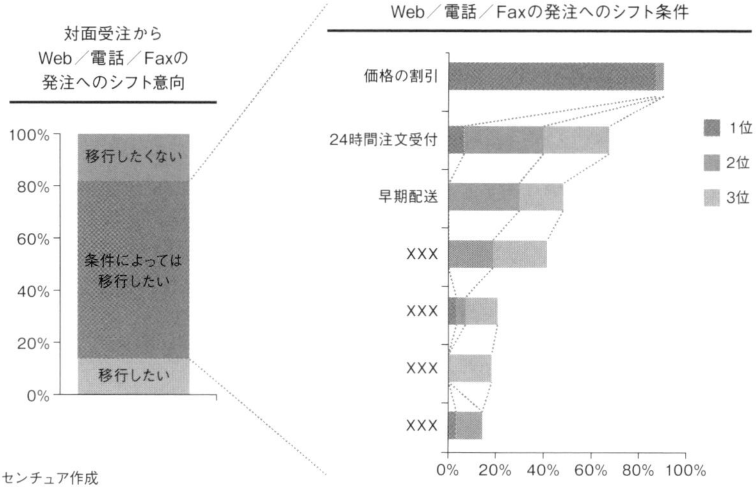

アクセンチュア作成

＊6　第3章：アンケート調査「ルール：自由回答に期待しすぎない」（100ページ）。
＊7　第3章：アンケート調査「テクニック：選択肢の切り出し方にこだわる」（99ページ）。

つまり、Web／電話／Faxでの受注に切り替えること自体は他社も実施しており、自社もその方向性に変えていくことは可能であると推察できるものの、小売店側にしてみると発注業務を自ら実施する必要があるため、何らかの小売店側にとってのメリット、インセンティブがないと切り替わりにくい、あるいは切り替わったあとに中長期的に売上が減少するリスクがあることがわかりました。

また、この対策として小売店へ提示する条件として、「Web／電話／Faxでの発注の場合、取引価格を優遇する」「従来、業務時間内でしか発注できなかったが、Web／Faxでの発注の場合、24時間対応可能」「配送期間・リードタイムが短くなる」といったことが有効な打ち手となりうることが判明しました。

リサーチの総括

ただし、この段階で「よってWeb／電話／Faxでの受注を勧めるべし」とは、まだ言い切れません。方向性を決定するためには、今回のリサーチ結果で判明した小売側へのインセンティブづけの設計と導入による自社の収支へのインパクトを算出する必要があります。つまり、「Web／電話／Faxでの受注推進による業務コスト削減効果」＞「小売店のインセンティブ導入によるコスト増」となるかの見極めが必要なのです。

ですので、今後は費用対効果の面での深掘り検討をしていく必要があると結論づけました。

Scene 2

【顧客を調べる②】商品の消費動向を調べる

目的の確認

ある食品メーカーが、自社商品Aのマーケティング戦略の見直しを検討しています。商品Aは、売上が思ったより芳しくなく、「本来狙っているターゲット顧客を取り込みきれていないのではないか」「想定している利用シーンは正しいのだろうか」という懸念が社内からあがっています。しかし、大々的に調査を行うと手間とお金がかかるので、まずはクイックなリサーチをしてみて、もう少し具体的に課題の所在を明らかにしておきたいと考えています。

今回のリサーチの「答えるべき問い」は、「商品Aがどんなターゲットに買われているか」「どんなロケーション・時間帯に消費されているのか」の2つです。また、示唆を出しやすいよう競合商品もあわせて調査し、比較することにしました（図表4－7）。

図表4−7 リサーチの目的

答えるべき問い	商品Aがどんなターゲットに買われているのか？　どんなロケーション・時間帯に消費されているのか？
企画のステージ	仮説立案
まとめるイメージ	分析結果のグラフ／表（誰かに説明する資料ではなく、課題仮説を立てるためのものなので、パワーポイントへの資料化は割愛することにした）

アクセンチュア作成

リサーチプランの設計

実は当初、「さがす」リサーチ法である「Web検索」などによってクイックにリサーチしてみたのですが、商品別にターゲットやシーンの実態がわかるような情報は見つかりませんでした。どうやら「つくる」リサーチで進めるしかなさそうです。

とは言っても「アンケート調査」はリードタイムもコストもかさむので、今回の目的を踏まえて、比較的クイックに結果を出せる「ソーシャルリスニング」で対応することに。ツールは、第3章で紹介した「クチコミ@係長」を使うことにします*8。

今回のリサーチでは、時間帯別など細かく分類して分析をすることが想定されるので、リサーチする媒体としては、メッセージ数が圧倒的に多いTwitterを活用します。Twitterは、ツイートした時間もあわせて取得できますので時間帯別の分析に有効です*9（図表4－8）。

図表4−8 リサーチの手法

調査技法	情報源	取得したい情報
ソーシャルリスニング	Twitter （クチコミ@係長）	商品Aの主な購買層、 主な消費シーン

アクセンチュア作成

＊8 第3章：ソーシャルリスニング「テクニック：ソーシャルリスニング専用ツールを活用する」（109ページ）。
＊9 第3章：アンケート調査「テクニック：選択肢の切り出し方にこだわる」（99ページ）。

リサーチの実行・アウトプット化

「答えるべき問い」についてのおさらい

リサーチにおいては、常に「答えるべき問い」を意識する必要があります。今回のリサーチにおける「答えるべき問い」について、あらためて見直してみましょう。

1）答えるべき問い①：商品Aがどんなターゲットに買われているのか？

ソーシャルメディアは性質上、発信者（つまりターゲット層）の精緻な把握には向いていませんので、ローデータ（1件1件の消費者のコメント）そのものの内容から、ターゲットの属性を推察することにします。

具体的には、食用（商品Aを食べる）シーンに関連するワード（オフィス、バイト、学校、など）を含むかどうかで分類し、「オフィスを含むなら社会人」「バイトや学校を含むなら学生」といったように、発信者の属性を推察していきます。

2）答えるべき問い②：どんなロケーション・時間帯に消費されているのか？

これはTwitterの得意分野と言えます。140文字という文字数制限があることから、一つのツイートに含まれるワード間の文脈的な繋がりが強く、またツイート内容が発生した時間帯とそのツイートが投稿された時間帯とが近接している可能性が高いからです。噛み砕いていえば、一つのツイートに「オフィス」と「食べた」が同時に含まれていれば「オフィスで食べた」可能性が高く、さらに「オフィスで食べた」のは投稿した時間と近い可能性が高いのです（これは、あくまでもブログのような長文メディアに比べて相対的に言えることです）。

時間帯別の分布の確認

食用シーンに関連するワードが含まれているツイートについて、投稿された時間帯別の分布状況を見ていきましょう。

作業としてはまず、商品名でヒットしたツイートのローデータをツールから出力します[*10]。続いて、上記の分析に必要な属性データを各ローデータに付与していきます[*11]。

今回は、食用シーンを分析軸の一つとしたいので、「仕事」「会社」「職場」などといったワードが含まれているツイートを「オフィス」として分類しました。ここはどんなワードが含まれていればどんな分類にするかを、相応の工数をかけて考えなければいけません。

想像するだけだと大事なワードが抜け漏れしてしまいますので、実際にローデータを見ながら考えていきます。たとえば、「オフィス」と分類されたツイートがオフィスで食用したというツイートではなく、食用とは関係なくたまたま同じツイートにワードが含まれていただけというリスクも大いにありますので、実際にローデータを見ながらチェックします。

属性データの付与が済んだので、いよいよ集計･グラフ化してみましょう。今回はクイックに図表4－9、4－10のような形で表とグラフにしてみました[*12]。

まず、食用シーン別の分析ですが、商品Aが狙っていたターゲットシーンであるオフィスは、他のシーンや競合と比較しても大して大きくないことがわかりました。むしろ、「学校」の数値が高く出ており、現状の主要購買層は社会人ではなく学生である可能性が高いことがわかりました。

ツイート時間帯分布では、商品Aが狙っていた主要シーンである夕方は、他の時間帯や競合と比較しても大して大きくなく、一方、20時以降の夜、深夜の時間帯に多く食用されている可能性があることがわかりました。

＊10　第3章：ソーシャルリスニング「テクニック：ツール任せではなく、ローデータを引き抜く」（110ページ）。
＊11　第3章：ソーシャルリスニング「テクニック：属性データの振り付けがインサイト導出の肝」（110ページ）。
＊12　第3章：ソーシャルリスニング「テクニック：付与した属性データを可視化する」（112ページ）。

図表4−9　食用関連ワードを含むツイートの分布

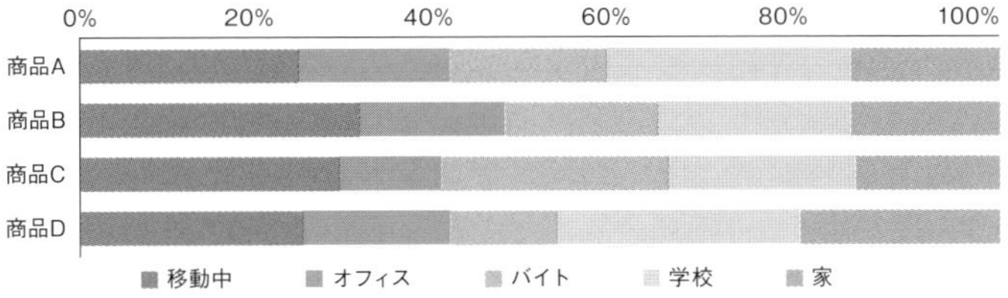

アクセンチュア作成

図表4−10　ツイート時間帯分布

商品名	7〜10時	11〜14時	15〜19時	20〜24時	0〜6時
商品A	9%	15%	23%	33%	20%
商品B	14%	20%	21%	32%	14%
商品C	15%	23%	25%	27%	9%
商品D	13%	21%	20%	31%	15%
平均	13%	20%	22%	31%	15%

アクセンチュア作成

リサーチの総括

答えるべき問いに立ち戻り、商品Aがどんなターゲットに、どんなシーンで消費されているのかを推察してみると、「学生が授業の前後や夜間に食べている可能性がある」ということがわかってきました。これが本当であれば、広告、プロモーションは当然のこと、商品そのものにまで手を入れる必要があるかもしれません。

今回のようなクイックなソーシャルリスニングで得られた推察は、あくまで推察の域を出るものではありません。しかし、現に「ターゲット／シーン設定に課題が存在する可能性が高い」ということがわかったため、本腰を入れて課題を究明し、打ち手を検討していくことにしました。

Scene 3 【業界・市場を調べる①】市場規模・成長性を調べる

目的の確認

乾燥パスタを製造するメーカーが新規国に進出したいと考えており、どの国が有望か判断材料になるような情報を集めたいと考えています。収益性や競争環境など、判断材料として必要な要素は様々ありますが、ここでは最も基本的な要素である市場規模・成長性についてリサーチします。また、現状だけでなく、将来的な見込みも含めて情報を集め、洞察することが求められていることとします。リサーチの目的は図表4－11のとおりです。

図表4−11 リサーチの目的

答えるべき問い	国別の市場規模と市場の成長の可能性に影響を与える要素は何か？
企画のステージ	基礎理解
まとめるイメージ	上司へのクイック報告用パワーポイント資料1 ～ 2枚

アクセンチュア作成

リサーチプランの設計

今回のリサーチはあくまで基礎理解のフェーズですので、使用するリサーチ技法は、既にある情報を探してうまく組み合わせる「さがす」リサーチ方法にします。まず、国別の基礎データとして取得しやすいのは、人口やGDPといったマクロデータです。技法編で示した通り、世界開発指標（World Development Indicators、通称WDI）が有用ですので、それにまずはあたります[*13]。

一方で、パスタの消費量といった業界ピンポイントのデータは、なかなか取得できません。パスタ関連や原料である小麦関連の業界団体・主要メーカーが情報を出していそうなので、Webでそのあたりを検索してみると同時に、市場調査会社が出しているレポートをあたることにしました。

その結果、Euromonitorのデータがデータのメッシュ（粒度）や鮮度の点で最も有用であると判断し、これを活用することとしました[*14]（図表4－12）。

図表4－12　リサーチの技法

調査技法	情報源	取得したい情報
Web検索	検索エンジン	各国食文化情報
公的調査・統計	WDI（世界開発指標）	国別GDP、 インフレ率
調査レポート	Euromonitor	国別パスタ消費量

アクセンチュア作成

＊13　第2章：公的調査・統計活用「テクニック：海外マクロデータはまず世界銀行をあたる」（66ページ）。
＊14　第2章：民間調査レポート活用「ルール：メジャーな調査会社を知る」（76ページ）。

リサーチの実行・アウトプット化

調査レポートからパスタ市場の規模と成長性を探る

まずは基礎理解のために、各国の現状のパスタ消費量と成長率のデータを取得し、全体を俯瞰するためにグラフ化します。ソースは前述の通りEuromonitorの調査レポート。ちなみに、規模と成長性のグラフは、横軸に規模、縦軸に成長性を示すのが王道です（図表4－13）。

グラフを見ると、たとえばA国が規模、成長性の両面から有望に見えます。しかし、このグラフはあくまで現在の消費量と成長性なので、これからも同じペースで成長していくのかはわかりません。

さて、ここからが本題です。前提として、今後の市場規模予測は調査レポートなどに掲載されている場合もありますが、過去のCAGR（Compound Annual Growth Rate：年平均成長率）を引き伸ばした程度のものが多く、基本的にはほんの参考程度にしかなりません。将来性をしっかり見極めたいのであれば、独自のリサーチ・分析が必要です[*15]。

図表4－13　パスタ市場の規模・成長性

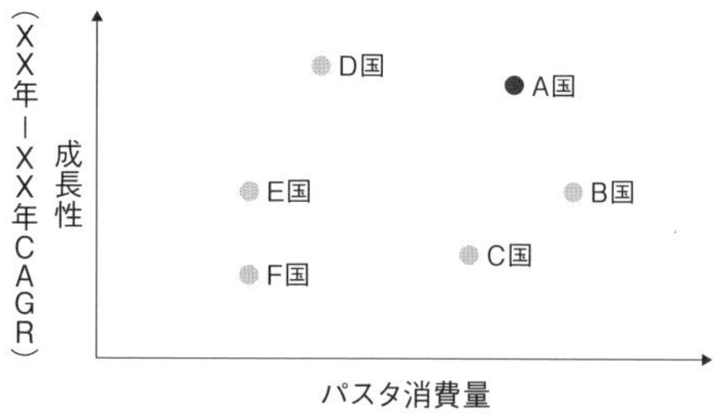

アクセンチュア作成

*15　第2章：民間調査レポート活用「ステップ④：内容はそのまま使わず『必要なデータは加工して作り出す』」（82ページ）。

要素分解して予測する

何かを深く考えたい際、要素分解は汎用的で有効なアプローチですので、今回も市場規模を要素分解して考えてみましょう。すなわち

市場規模 ＝ 人口 × 1人あたりの消費量 × 単価

と分解してみます。これは、市場規模を分解する際に最も基本的なやり方です。その上で、それぞれの要素の将来予測の方法について考えていきます。

まず、人口はWDIなど世の中の統計予測値が正確なので、そのまま利用すれば済みます。また、単価もそれほど難しくありません、詳細は割愛しますが、各国の今後のインフレ率を加味すれば一定の精度で予測できます。

一方、こうしたケースで難しいのは、「1人あたりの消費量」です。対象となる商材／サービスによって様々な特徴があり、試行錯誤が必要な領域です。以降、この“1人あたりの消費量”の将来見込みに焦点を合わせて考えていきます。

1）所得水準と1人あたりの消費量の関係を見る

多くの商材／サービスでは、所得水準が増加するに連れて1人のあたり消費量が増えていきますが、所得水準がある一定レベルに到達すると1人あたりの消費量の成長は止まる（飽和する）という傾向があります。

したがって、パスタについてもそうした傾向があるのではないかという仮説を持ってリサーチ、分析に臨みます。

分析のために欲しいデータは、“各国におけるパスタの1人あたりの消費量（経年）”と、“各国における1人あたりのGDP（経年）”です。第2章で触れた「公的調査・統計活用」「民間調査レポート活用」のソースをあたれば取得できます。

データのグラフ化にあたっては「パスタの1人あたりの消費量」と「1人あたりのGDP」という2軸で作成します。今回は、横軸に1人あたりの

GDPを、縦軸にパスタの1人あたりの消費量をとった上で、国をプロット（図表4－14）。国は色によって判別できるようにしましたが、年については具体的な年を表示しなくても全体傾向を読み取れるので、グラフが見づらくないよう色分けはしませんでした。

グラフからは、国別にバラバラで傾向がないように見えます。所得水準と1人あたりのパスタ消費に各国共通の傾向があるのではという仮説はどうやら外れてしまったようです。

イランやトルコ、エジプトといった国は、GDP／人の成長にあわせてパスタ消費／人も伸びているようですが、シンガポール、韓国、台湾といった国は、GDP／人が増えてもパスタ消費／人は低いままです。少なくとも全ての国を一律で語ることには無理がありそうです。

図表4－14　パスタ市場の規模・成長性

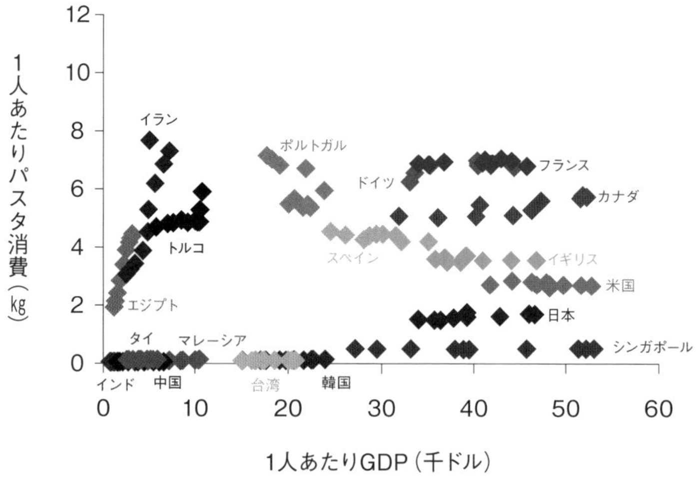

出所：Euromonitorデータをもとにアクセンチュア作成

2）共通の傾向で分類し、背景を探る

今回のように、全体で共通の傾向が見られない場合には、数値上同じ傾向を持つ国を括ってタイプ分けしてみた上で、なぜそうなっているのか、各国の定性的な特徴などの背景を考えてみることが有効です。

図表4−15 パスタ市場の規模・成長性

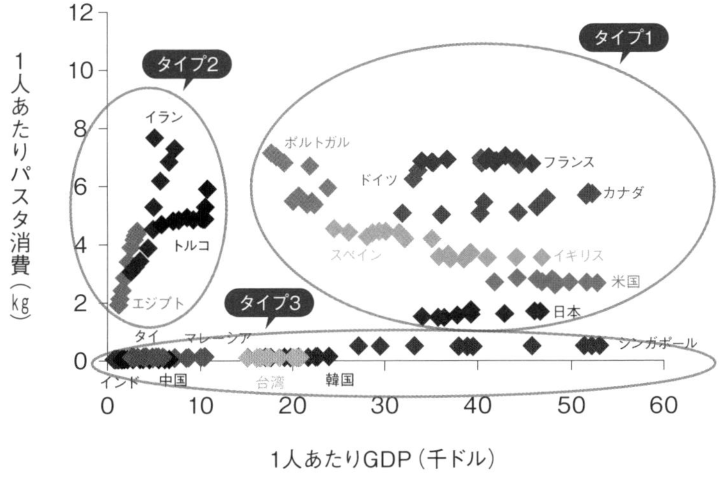

出所：Euromonitorデータをもとにアクセンチュア作成

グラフを見ると、大きく3つくらいのタイプがありそうです（図表4－15）。

タイプ1は、フランスやドイツといった高GDP／人、高パスタ消費／人で、GDP／人が変化してもパスタ消費／人は変わらない国々。このタイプは、どうやら今後もパスタ消費量は変わりそうにありません。

タイプ2は、イランやトルコ、エジプトといった低GDP／人ながらGDP／人の成長にあわせてパスタ消費／人が増えている国々。このタイプは、今後の成長の動向次第で市場の有望度が大きく変わりそうなので、もう一段階深い考察が必要そうです。

タイプ2について、タイプ1との比較で見てみましょう。タイプ1の国は、横軸のGDP／人が概ね2万ドルを超えています。一方、タイプ2の国々のGDP／人は概ね1万ドル以下。したがって、もしタイプ1がタイプ2の未来なのだとすると、GDP／人が1万～2万ドルのあたりにパスタ消費量／人が飽和するという法則があるのかもしれません。

タイプ3は、シンガポール、韓国、インド、タイなど、GDP／人に関係なく、1人あたりのパスタ消費量が低いタイプです。このグラフを見る限り、今後も成長は見込めなさそうですが、なぜなのかがよくわかりません。しかし、納得感ある背景、理由がないことには判断に足る有益な情報とはなりませんので、もう一段階考察を深めましょう。

タイプ3に分類される国（シンガポール、韓国、台湾、中国、タイ、インド）を並べて見てみると、全てアジアの国という共通項が浮かびます。そうであれば、アジアならではの食に対する特徴がパスタ消費に影響を及ぼしているのかもしれません。確かに、タイプ3の国は主食が米であり、日本などと比べて自国の食文化が強く、パン・小麦という外来食の浸透が見込み難い国と言えそうです。一方、タイプ1や2の国は、そもそも欧州のようにパン・小麦文化であるか、日本のようにもともとはパン・小麦文化ではないものの外来食が浸透している国のようです。

リサーチの総括

ここまでに考察してきたことを、図表4－16のように整理しました。

図表4-16 各国の1人あたりパスタ消費予測の考え方

[国ごとの食文化と所得水準によって成長可能性が変わってくる]

	所得とパスタ消費の関係(04〜13年)	1人あたり消費の傾向(仮説)	今後の主な考察事項
自国の食文化が強い国	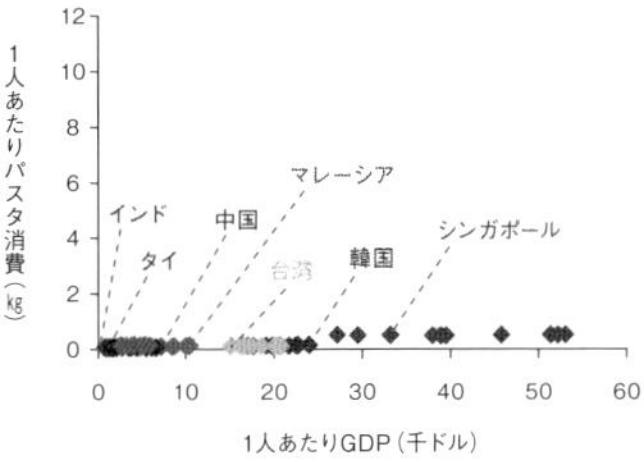	・どんなに所得が増加しても、パスタ市場が立ち上がらない(インド・中国等現在所得水準が低い国に関しては本当にそうか考察が必要)	現在所得水準の低い国に将来伸びる余地があるか
パン・小麦文化の国／外来食が浸透している国	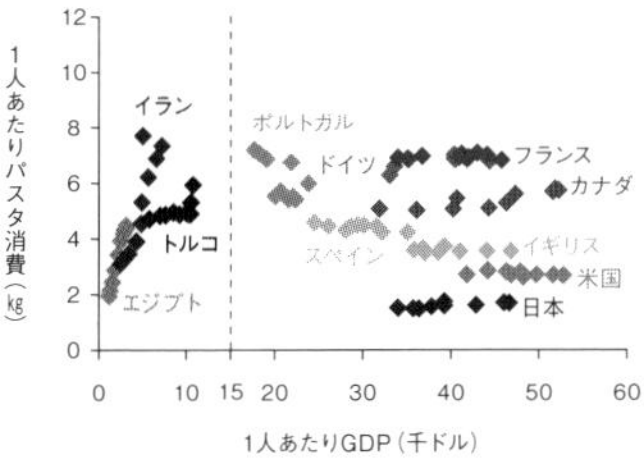	・所得が一定のレベルに達するまでは、所得増に伴い消費は増加 ・所得が一定のレベル(15,000ドル付近)を超えると、所得増に伴う消費の伸びが鈍化 ・消費の伸びが鈍化するときの消費量は国によって異なる(差異の要因は今後検証)	1人あたり消費の増加が鈍化し始める所得水準を見極める 消費量の絶対値の違いとなる要因

出所：Euromonitorデータをもとにアクセンチュア作成

国のタイプ毎の傾向、特徴をわかりやすくするために、タイプ3については切り出しています。一方、タイプ1と2は、パスタ消費／人が飽和する所得水準のラインが存在する可能性を示すため、一つの括りで見せています。

また、この時点での考察、メッセージはまだ仮説の段階に留まっていますので今後追加で考察／検証すべき事項を追記します。

Scene 4

【業界・市場を調べる②】顧客価値から市場を調べる

目的の確認

ある乳酸菌飲料メーカーが青汁市場に参入し、成長するための打ち手を検討するにあたって、市場分析をしたいと考えています。参入にあたっては、自社アセットを活用した「乳酸菌×青汁」の製品を販売することを前提にします。製品軸で考えた場合、乳酸菌飲料と青汁は異なる市場のように思われますが、本調査では「顧客にどのような価値を提供するのか」という“顧客価値”に立脚して市場を定義したうえで、分析を進めていきます。

図表4−17　リサーチの目的

答えるべき問い	自社製品の特性を踏まえ、未参入の青汁市場へどう攻め入るべきか
企画のステージ	基礎理解
まとめるイメージ	上司へのクイック報告用パワーポイント1～2枚

アクセンチュア作成

リサーチプランの設計

今回のリサーチは基礎理解のフェーズであり、使用するリサーチ技法は、既にある情報を探してうまく組み合わせる「さがす」リサーチ方法にします。市場規模・成長性を調査する前提となる市場定義から打ち手を検討するリサーチのため、定量的な情報を収集するのではなく、まずはWeb検索から得られる定性的な情報をもとに分析していきます。

図表4−18　リサーチの方法

調査技法	情報源	取得したい情報
Web検索	検索エンジン	青汁市場の概要

アクセンチュア作成

リサーチの実行・アウトプット化

“顧客価値”に着目して、市場を定義する

まずは、今回参入を検討している青汁市場を“顧客価値”観点で分析します。Web検索により青汁市場の概要を調査した結果、青汁の“顧客価値”は、a.“野菜不足”の解消、b.お腹の調子を整える、c.暴飲暴食の“罪滅ぼし”、の3つに大別できそうなことがわかりました。3つの“顧客価値”を市場として定義し、市場を構成する製品情報を整理すると図表4－19のようになります。そして、乳酸菌飲料メーカーが現在販売している「乳酸菌飲料A」と、今後販売を計画している「乳酸菌が入った青汁B」の“顧客価値”はいずれもb.お腹の調子を整える、であるため、自社の乳酸菌アセットが“顧客価値”観点で訴求しうる市場は“お腹の調子を整える”市場であると言えます。

図表4−19　市場を構成する製品情報の整理

顧客価値	市場及び市場を構成する製品
a “野菜不足”の解消	“野菜不足”解消市場 ・野菜ジュース ・野菜タブレット ・生野菜（野菜そのもの）
b お腹の調子を整える	“お腹の調子を整える”市場 ・ヨーグルト ・ビフィズス菌
c 暴飲・暴食の“罪滅ぼし”	“ギルティ・フリー”市場 ・低糖質パスタ

アクセンチュア作成

TAM／SAM／SOMの観点から市場を深掘りする

次に、乳酸菌飲料メーカーが“お腹の調子を整える”市場において「乳酸菌が入った青汁B」を販売することでシェアを獲得できる見込みがあるか、新規事業の立ち上げや投資家が投資判断を行う際の指標として活用される機会の多いTAM／SAM／SOMを用いて深掘りします。

TAMとは、Total Addressable Marketの頭文字を取った略称であり、「ある製品・サービスが獲得できる可能性のある最大の市場規模」を指します。SAMとは、Serviceable Available Marketの頭文字を取った略称であり、「TAMのうち、実際に顧客としてアプローチできるターゲット層」を指します。SOMとは、Serviceable Obtainable MarketあるいはShare of Marketの頭文字を取った略称であり、「SAMのうち、自社のリソースにより獲得し得る（している）顧客層」を指します。今回は市場を深掘りするために使用しますが、これらの指標を用いることにより、事業が拡大可能なスケール感や現実的な売上規模の推計が可能になります（図表4－20）。

図表4−20　TAM／SAM／SOM

アクセンチュア作成

たとえば、具体的な企業の製品・サービスにTAM／SAM／SOMを当てはめて考えてみると、以下のようになります。

〈民泊サービス（Airbnb）の場合〉
TAM：世界中の宿泊市場規模（予約による宿泊）
SAM：低予算かつオンラインホテル予約の市場規模
SOM：Airbnbの市場シェア

〈SaaSプロダクト（freee会計、freee人事労務）の場合〉
TAM：国内中小企業バックオフィス市場
SAM：国内中小企業のバックオフィスIT支出規模（ハードウェア除く）
SOM：freee会計、freee人事労務の市場シェア

先ほどの“顧客価値”観点の市場定義から、「乳酸菌が入った青汁B」のTAMは“お腹の調子を整える”市場であることがわかっています。そのうえで乳酸菌飲料メーカーが現時点でアプローチ・獲得し得る市場（SAM・SOM）を整理するために、TAMを「製品フォーマット×販促手法」のマト

図表4－21　TAMをマトリクスで分解する

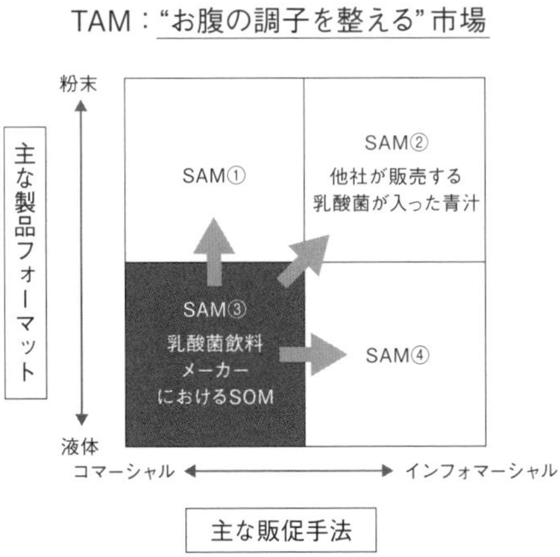

アクセンチュア作成

リクスに分解しました（図表4－21）。この場合、「乳酸菌飲料A」は液体製品であり、30秒のTVCMといったコマーシャルを主な販促手法として活用しているため、SAM③が乳酸菌飲料メーカーの現時点でのSOMとなります。一方で、他社が販売している乳酸菌が入った青汁は「乳酸菌飲料A」とは異なり、粉末製品が多く、60～300秒という長い尺を使用した広告コンテンツであるインフォマーシャルを主な販促手法として活用しています。今回は、後発参入となる青汁市場でシェアを獲得するために、従来の乳酸菌飲料のSOMだけで考えるのではなく、製品フォーマットや販促手法を変えることにより、乳酸菌飲料メーカーのSOMを広げていく、すなわちSAMをSOM化していくオプションを検討することとします。

青汁市場へ攻め入るオプションをどのように評価するか

乳酸菌飲料メーカーのSOMを拡大する参入オプションとして、SAM①（粉末×コマーシャル）、SAM②（粉末×インフォマーシャル）、SAM④（液体×インフォマーシャル）の3つを検討していきます。今回は基礎理解のフェーズであり、前提事項も網羅できている訳ではないため、各オプションの評価に向けて“次に何をリサーチすればよいか”を、外的要因（参入した際に競合と価値の差別化ができ、十分な規模の売上を確保できそうか）と内的要因（実現性、既存の乳酸菌アセット活用可否と、新規投資の必要性）に分けて整理しました。

図表4−22　SAM①：粉末×コマーシャル

外的要因	競合が参入していない市場のため、 競合がこの販促手法を採用していない理由の調査 （外部要因、競合の内部要因）。 ●コマーシャルな訴求をしても消費者に響かない可能性はないか（メイン顧客層の生活様式に合わずに刺さらないなど）。 ●競合にチャネルやメディアへのネットワークがないからできないのであれば、既に既存の乳酸菌飲料で繋がりがあることが差別化ポイントになる可能性があります。
内的要因	粉末という製品フォーマット切り替えコスト・実現性の調査。 ●販促手法は乳酸菌と同一のため、一定アセット転用が可能ですが、粉末化技術に関して実現性の検証や投資が必要となる見込み。

アクセンチュア作成

図表4−23　SAM②：粉末×インフォマーシャル

外的要因	既存の製品が多く位置していることから、消費者ニーズの調査。 ●多数の競合が参入しているため、消費者ニーズのパイが大きい可能性が高い。 競合の商品価値の詳細分析、自社での差別化可能性の調査。 ●競合が多くパイの奪い合いになるため、競合との差別化がポイントとなります。
内的要因	商品フォーマットと販促手法の切り替えコスト・実現性の調査。 ●インフォマーシャルな販促に馴染みもなく、粉末化技術もないため、相当な投資を覚悟する必要があります。

アクセンチュア作成

図表4–24　SAM④：液体×インフォマーシャル

外的要因	競合が参入していない市場のため、 競合がこの製品フォーマットを採用していない理由の調査 （外部要因、競合の内部要因）。 ●青汁と液体の親和性が弱く、市場にニーズがないことが判明した場合、それでも参入を判断するということは新しいニーズを作って市場を切り開いていく必要が出てきます。 ●競合に液体化技術や設備がないという理由であれば、乳酸菌飲料のアセットを生かした差別化ポイントになるため、肯定的に捉えられます。
内的要因	インフォマーシャルな販促手法への 切り替えコスト・実現性の調査。 ●商品開発時におけるコンセプト検討のフレームワークやチャネル・メディアなど提携先が異なっている場合、人やお金等への投資がかかる可能性があります。

アクセンチュア作成

リサーチの総括

製品だけでなく、“顧客価値”に着目することで市場定義は変わるため、「価値と提供手段によってお金を払い得る顧客はどう変化するか」を見極め、市場を定めることがリサーチの起点となります。本ケースは、あくまでも基礎理解のフェーズでしたので、本フェーズで整理した各オプションの評価に必要な要素をリサーチし、実行すべきオプションの方向性を定める仮説立案フェーズに進むことがネクストステップです。

Scene 5

【業界・市場を調べる③】規制緩和による影響を調べる

目的の確認

アベノミクスにおける規制緩和による成長戦略の一環として、2015年4月に機能性表示食品制度が施行されました。この制度により、トクホ（特定保健用食品）よりも簡単に、食品の機能性を表示できるようになりました。つまり「脂肪の吸収を抑える」といった謳い文句（ヘルスクレーム）が使いやすくなり、食品市場の活性化が期待されます。

当制度は、米国が20年以上前に施行したDSHEA（ダイエタリーサプリメント健康教育法：「ディーシア」と発音します）という制度を参考に作られたので、日本の新制度の影響を読む参考とするためにDSHEAについて調べることにしました。今回のリサーチの目的は図表4－25のとおりです。

図表4－25　リサーチの目的

答えるべき問い	1. そもそもDSHEAとは？（制度の規制レベルや適用範囲など） 2. DSHEAは市場にどのような影響を及ぼしたのか？
企画のステージ	基礎理解
まとめるイメージ	DSHEAそのものについてもわかりやすくパワーポイント1枚にまとめた上で、その市場への影響の要旨は数枚でまとめる

アクセンチュア作成

リサーチプランの設計

DSHEAが施行されたのは20年以上も前のことであり、「さがす」リサーチ方法だけでは十分な情報が取れないことが想定されます。そこで「つくる」リサーチ法の、「有識者へのインタビュー」を組み合わせて進めることにしました。「さがす」リサーチ方法として、制度の全体像をクイックに把握するために文献調査を、また、世の中で話題になっているテーマなので新聞／雑誌等の特集を集めるために記事検索を中心に行います（図表4－26）。

図表4−26　リサーチの技法

調査技法	情報源	取得したい情報
文献検索	機能性食品市場･制度に関する各種文献	DSHEAの概要
記事検索	今回の規制緩和に関する雑誌等での特集記事	DSHEAの概要
調査レポート	米国サプリ市場関連のレポート	米国サプリ市場推移の詳細（DSHEAの影響を定量的に補強するためのファクト収集）
インタビュー	業界有識者	DSHEAの影響（定性情報）

アクセンチュア作成

リサーチの実行・アウトプット化

文献検索・記事検索によるDSHEAのリサーチ

記事も文献も、“機能性食品（健康食品）”、“制度”など関連しそうなキーワードに基づき探すことで、いくつかの日本の新制度とそのベースとなるDSHEAについて書かれている特集や、世界の機能性食品に関する制度のトレンドがまとめられている書籍を見つけることができました[*16]。

＊16　第2章：文献検索「ルール：まずは業界本をクイックに通読し、キーワードを掴む」（48ページ）。

集まった情報をざっと見ると、DSHEAそのものの概要は把握できました。わかったポイントは以下2つ。

1つは、米国にはDSHEA以外にも様々な機能性表示制度があるということ。なかでも、DSHEAを特徴づけるのは、「企業が届け出さえすれば機能性が謳える」ことです。これは他制度と比べて、「脂肪の吸収を抑える」といったヘルスクレームを、格段に表示しやすくする制度だと理解できます。

もう1つは、DSHEAはサプリメントのみを適用範囲としており、日本の新制度が適用対象と考えている、農作物や加工食品は適用外だ、ということです。

そして米国の他の制度も含め、DSHEAの2つのポイントがわかるように、要旨は図表4－27のようにまとめます。

図表4－27　米国における機能性サプリ・食品・飲料制度の概要

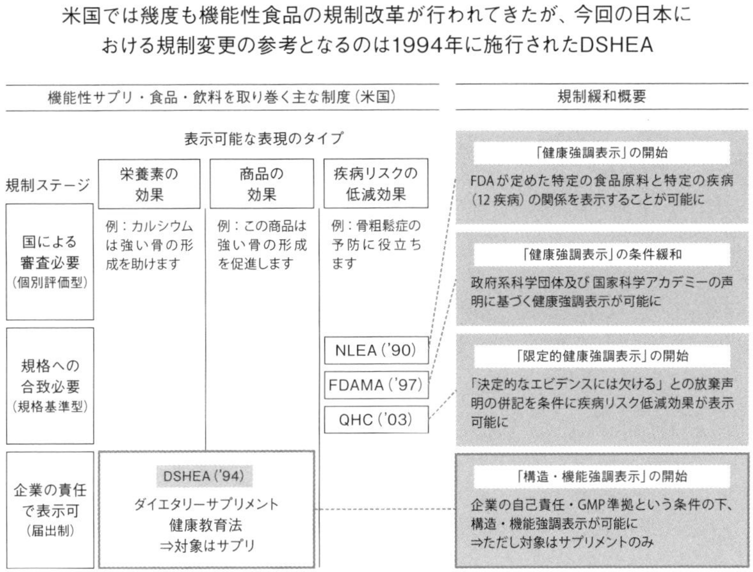

アクセンチュア作成

次に、DSHEAが与える市場への影響を明らかにしていきます。今回のリサーチの目的は、「機能性表示ができるようになることが、市場規模や成長性に対してどのような影響を及ぼすかを調べること」なので、業界は異なりますが、DSHEAの適用範囲であるサプリ業界に焦点を合わせて深く掘り下げることにします。

まず、先ほど調べた記事の中に、DSHEAの適用前後のサプリ市場全体の変化を表すグラフがあったので、基本情報としてピックアップしておきます(図表4－28)。これを見ると、DSHEA適用後の5年間、市場成長が大幅に加速したことがわかります。

しかし、「さがす」リサーチ方法で得られた情報はここまでです。成長の加速を牽引したのは具体的にどのような商品カテゴリーで、またそれはなぜなのかについては、「有識者インタビュー」を中心とした別のリサーチで補強していきます。

図表4−28　米国サプリ市場の推移

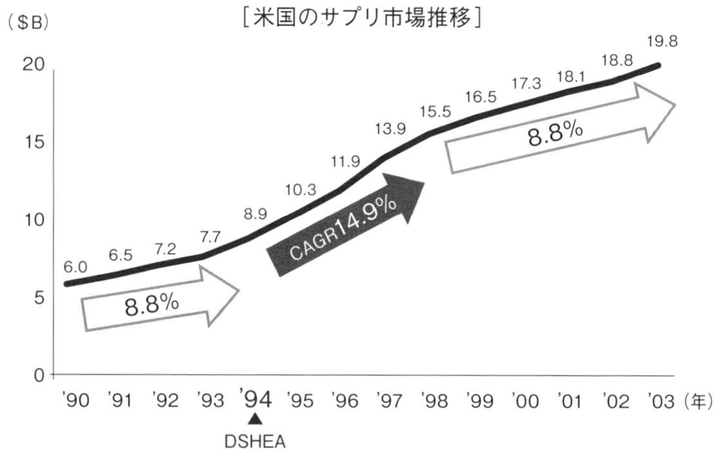

出所：Nutrition Business Journalをもとにアクセンチュア作成

有識者インタビューによるリサーチ

有識者インタビューについては、まずは付き合いのある食品業界特化型の調査会社に話を聞いてみました。すると、機能性食品を専門に調査／分析している他企業の人を紹介いただきました。さらに、その人には、当分野の権威である大学教授をご紹介いただき、お話を伺うこともできました[＊17]。

そして、DSHEA適用後に「米国のサプリ市場の成長を牽引したのはどこか？」という質問については、「様々な商品カテゴリーの中でも、特にハーブを素材とするカテゴリーが伸びた」とお伺いしました。また、そのお話を伺う中で、ハーブ素材の成長を定量的に把握する方法についても相談したところ、具体的な調査レポート名を教えていただくことができました。

図表4−29　DSHEA後の成長牽引カテゴリー

［DSHEA後にサプリの成長を牽引したのはハーブ領域］

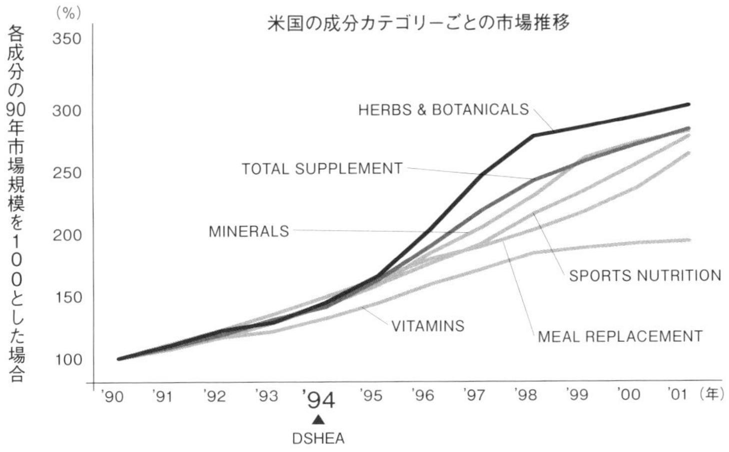

出所：Nutrition Business Journalをもとにアクセンチュア作成

＊17　第3章：インタビュー「ルール：人脈がなくても積極的にインタビュー対象者にアクセスする」（130ページ）。

一方で、「なぜハーブを素材とするカテゴリーが伸びたのか」という原因の考察は、有識者のお話でもはっきりとした答えが得られませんでした。

調査レポートによるリサーチ

そこで、カテゴリー別の成長推移を眺めながら、ハーブを素材とするカテゴリーの成長の原因を推察してみることにしました。

まず、DSHEA前後で成長率が変わらないカテゴリーは、「ビタミン」や「ミネラル」など、いずれも名前を聞くだけでどんな効果があるのかイメージが持てるタイプのカテゴリーでした。

一方、ハーブをカテゴリーとする素材は、名前を聞いただけでは、どのような効果があるのかイメージしづらい商品が多いカテゴリーでした。このことから、「規制緩和による恩恵を受けるのは、特に効用認知の低い成分である」と解釈しました。

図表4–30　DSHEA後の成長牽引カテゴリー

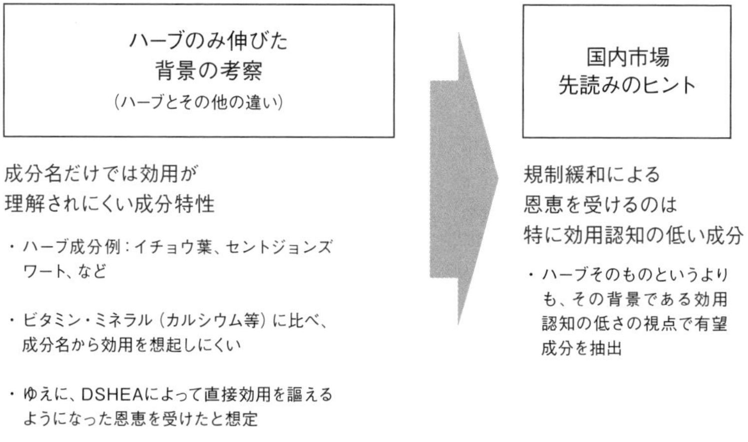

アクセンチュア作成

リサーチの総括

本ケースでは基礎理解フェーズのみを抽出しましたが、このフェーズはあまり時間をかけすぎても意味がないので、最大でもこのレベルで済ませ、できるだけ早く仮説立案のフェーズに入ります。このケースではたとえば「規制緩和による恩恵を受けるのは特に効用認知の低い成分」ということが明らかになりましたので「それでは、現在の日本で効用認知が低いが規制緩和によって表示しうる成分は何か？」というのが、次の仮説立案フェーズでの問いです。

Scene
6

【企業を調べる①】
企業の業績推移を調べる

目的の確認

自社であれ競合他社であれ、ある企業が置かれている状況や、今後進むかもしれない方向をよりよく理解することは、自社の価値向上を図る上でも（あるいは個人のキャリアを考える上でも）、競争戦略を立案する上でも重要な作業です。

ある人の人となりを知るためには、どのように生まれ、どんな環境を経て、どういう経験をして成長してきたのかという履歴が一つの手がかりとなるのと同様に、その企業の歴史を丹念に紐解くことが、企業の現状や今後の行く末を予測する手がかりとなります。

あるアグリ関連企業から全社改革を依頼されたとします（自社の事業と置き換えて読んでみてください）。この企業が営むビジネスはAという食品製造・販売事業で、長年にわたって順調に成長していますが、経営陣はこのままでは生き残りが難しいと考えています。一方、安定的に成長してきた企業であるが故に、社内では改革の必要性を肌身で感じていない人も少なからずいるようです。

経営陣が感じている危機はどこに端を発しているのか。プロジェクトの初期段階なので、まずは経営陣の懸念や思いを正しく把握しないことには、改革の目的（Why）が揺らぎかねず、また、改革実行にあたって社内の協力も取り付けにくくなります。

そこで、今回のリサーチでは、「これまでの事業実績に何か改革の必要性を感じさせる懸念材料が表れているのではないか」という仮説の下、データを集めて検証することにしました（図表4－31）。

図表4－31 リサーチの目的

答えるべき問い	歴史的な観点を踏まえ、なぜ今、全社改革が必要なのか？
企画のステージ	基礎理解
まとめるイメージ	対象企業の成長の定量的な軌跡と、対象企業が現在置かれている定性的な状況を重ね合わせてパワーポイント1枚で示す

アクセンチュア作成

リサーチプランの設計

企業の成長過程を調べるためには、業績推移が最も基礎的なデータなので、「Web検索」により、IRライブラリからそれらを入手しました。また、その企業が属する業界・市場がどのように変遷してきたのかも把握しておくため、A食品市場のマクロデータについても「公的調査・統計」であたってみます（図表4－32）。

図表4－32 リサーチの技法

調査技法	情報源	取得したい情報
Web検索	対象企業のIRライブラリ	時系列業績推移
公的調査・統計	農林水産省	A食品の国内市場規模推移

アクセンチュア作成

リサーチの実行・アウトプット化

Web検索等で対象企業の基礎データを集める

まず集めるべきは、対象企業の業績データ。この企業は上場企業ですから、公式サイトのIRページに必要な情報は掲載されており、すぐに手に入るはずです。

しかし、実際に見てみると、有価証券報告書の過去分は2005年まで、決算短信でも2002年までしか掲載されていませんでした。20年も前の決算データに興味がある人はそうそういませんから、公式サイトでは長くても10年程度しか掲載していない企業がほとんどです。

金融庁が提供している有価証券報告書閲覧サイト（EDINET）、あるいは東京証券取引所が運営している決算短信閲覧サイト（TDnet）でも過去5年分しか閲覧することができません。あるビジネス誌が30年くらい前に「企業の寿命は30年」と主張していましたが、やはり10年では歴史的なトレンドを紐解くには少し心細いので、過去20～30年程度のデータを探してみることにしました。

Web上で公開されていない有価証券報告書を閲覧する場合、以前は国会図書館や証券取引所に足を運ばざるを得なかったのですが、今は株式会社プロネクサスが提供する「eol 企業情報データベース」というサービスで、最長1984年の有報まで遡ってWeb閲覧できます。読者各位の在籍企業で契約しているかもしれませんし、公立図書館や大学図書館等からもアクセスできる場合があります。

さて、対象企業の直近23年間の売上高データが手に入りました。早速グラフにしてトレンドを見てみましょう（図表4－33）。まず、大まかには右肩上がりで成長してきていることが見て取れますが、最初と最後の数年が少しトレンドから外れているように思えます。しかし、このデータだけでは何が起きているのか、実態はよくわかりません。

図表4−33　A食品事業規模の推移

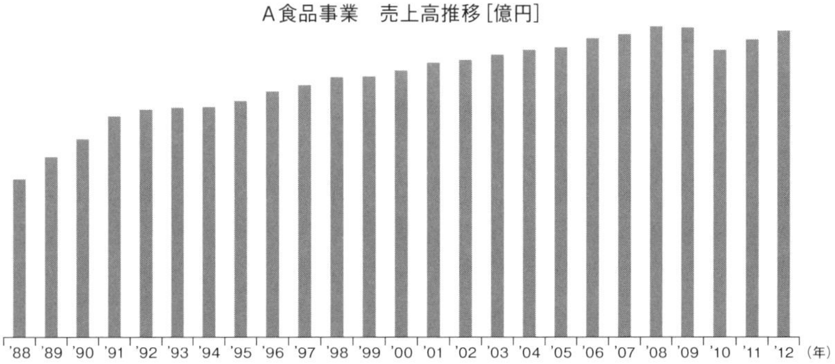

出所：当該企業発表資料をもとにアクセンチュア作成

「公的調査・統計」から得た他のデータと重ね合わせる

最初に考え付くのは、「この市場全体の規模変動の影響を受けているのではないか」という仮説です。そこで、この企業は国内向け事業が中心であることから、当該食品の国内総消費量データを重ね合わせてみます。まず、e-StatからA食品の国内総生産データを取得します[*18]。このデータは農林水産省が公表していました。

さらに、A食品は国際的に取引されている品物なので、海外への輸出量と海外からの輸入量を取得します。これは財務省貿易統計に載っています。「国内生産量－輸出量＋輸入量」で国内消費量が出てくるというわけです。これを重ね合わせてみると、図表4－34のようになりました。

こうしてみると、傾きの違いはあれど、最初の数年は市場自体の伸びと連動しているように見えます。どうやら、日本の消費者にこの食品を消費する習慣が根付いてきた時期と重なるようです。一方、直近数年の変動に関してこれだけでは十分に説明することが難しいようにも見えます。

＊18　第2章：公的調査・統計活用「テクニック：国内マクロテータはまずe-Statをあたる」（67ページ）。

図表4−34　A食品事業規模の推移

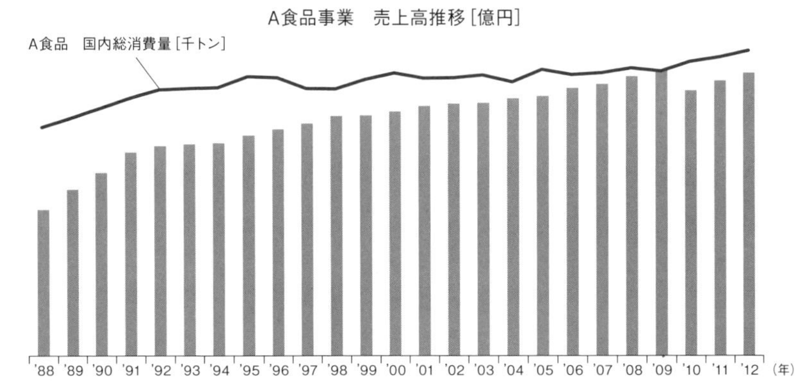

出所：当該企業発表資料、農林水産省・財務省貿易統計をもとにアクセンチュア作成

定性的な視点から考える

ここで一旦定量データから離れて、各変節点付近で何か象徴的な出来事がなかったか、定性的に紐解いてみることにします。

まず、1991年・1992年といえば、いわずとしれた「バブル崩壊」の時期。それに伴い、消費者の消費意欲は低下し、低価格志向も強まった結果、好調だった最初の数年間の成長をせき止めた要因の一つと推測できます。

バブル崩壊後の1992年前後から2008年前後にかけての20年は、“失われた20年”と呼ばれる日本経済の低成長期にあたり、市場規模も停滞しました。しかし、そのような環境にもかかわらず、A食品事業は規模を伸ばしていますから、ここで順調な成長の型、たとえば商品開発ノウハウや営業組織体制、生産・物流能力等を確立し、それが今に続く成功体験となっているのだと思われます。この成功体験こそが、改革の必要性に対する疑念に形を変えて社内に残っているのかもしれないと予測できます。

2008年前後は、「サブプライムローン問題」に端を発する「世界金融危機」

「世界同時不況」と呼ばれた時期です。しかし、前述の通り、この企業は国内市場向けの販売が主であり、直接的に世界同時不況の影響を受けるだろうか、という疑念も同時に浮かびます。

そこで、同社の海外市場における近年の活動状況を見ることにします。有価証券報告書を一つ一つ見ていくと、10年位前までは海外市場売上高は記載されていませんので、やはりそれまでは国内市場向けビジネスがほぼ全てであったようです。しかし、ある年から、5%程度記載されるようになりました。

10%未満の場合は記載しなくてもよいことになっているにもかかわらず、あえて記載したということは、海外強化していく姿勢が発表資料にも表れていると考えられます。実際、直近の中期経営計画でも海外事業拡大を成長戦略の一つに据えており、実績としても海外工場設立や海外取引先との商売を少しずつ伸ばしているようです。世界同時不況のあおりを受ける素地が近年出来上がったと考えてよいでしょう。

こうして見ると、過去25年間は、3つの時代に分けられることがわかってきました。

- ～'91頃までの、"安定成長期～バブル期"
- '92頃～'08頃"バブル崩壊～失われた20年"
- '09頃～"世界同時不況"

そして、今後ますます事業活動の舞台を海外に広げていこうという目標を踏まえると、「グローバル市場で戦い、生き残れる強いビジネスに脱皮しなければいけない」という危機感があり、経営陣の懸念もそこにあると思われます。

リサーチの総括

以上の仮説と仮説検証のサイクルを踏まえ、最終的に完成したのが図表4－35です。

図表4−35　A食品事業規模の推移

これからのA食品事業を取り巻く状況は、これまでの20年とは異なる様相となることが想定される。

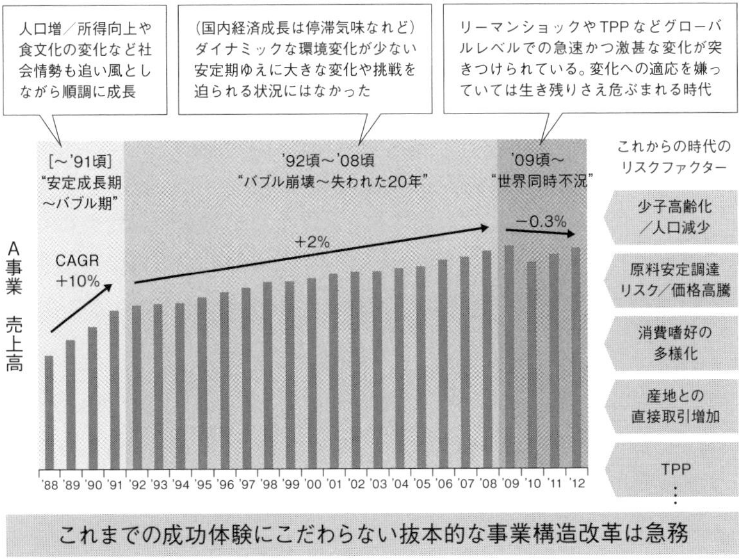

出所：当該企業発表資料、農林水産省・財務省貿易統計をもとにアクセンチュア作成

時代を視覚的に分割する表現として、3色で塗り分けました。こうすることで、現在同社が生きているのは、「抜本的な改革などしなくても順調に成長できた古き良き時代」とは非連続の時代であるということを強調しています。

また、3つの時代のトレンドは、視覚的には変化していることが見て取れますが、これをさらに鮮明に伝えるため、CAGR（年平均成長率）を併記しました。こうすることで、安穏としているとマイナス成長さえありうる時代に突入した、と伝わりやすくなります。

さらに、将来のことは誰にもわからないものの、既に非常に高い確率で見えている未来を想像し、パワーポイントの右側に、それを併記しておくことで、データに表れていない将来をイメージさせる工夫をしています。

Scene 7

【企業を調べる②】先進企業の事例を調べる

目的の確認

企業が何か新しい事業を始めようとするとき、あるいは既存の事業を立て直そうとするとき、「他の企業はどうしているのだろう」「何か秘密の成功の鍵があるのではないか」と考えるのは当然です。本節では、他社の事例を調べ、そこから学びを得る一つの方法をご紹介します。

あなたはメーカーに勤務しており、これまで着手していなかった消費者へのWeb直販ビジネスを企画したとします。単純なECサイトの立ち上げではなく、最近話題のバーチャルリアリティ技術を使った新規性・差別性を訴えたため、企画をプレゼンテーションした際の上司の反応は上々でした。ただ、「言いたいことはわかったが、本当にそんなことをやっている企業があるのか」「そこは、うまくいっているのか。うまくいっているのであれば、どうすればうまくいく確率が上がるのかを知りたい」と指示を受けました。

「全く同じことを既にやっている企業があれば、そもそも新ビジネスではないのでは……」と心の中では思いながらも、確かに今一つ説得力に欠けることは自覚しており、上司の懸念する気持ちもわかります。そこで、実際に他の企業がどんなことをやっているのかを知ることで、企画の前進に弾みを付けられないか、と調査を始めました。

事例収集は「このソースをあたれば十分」という性質のものではないため、「どのようなスタンスで調べるべきか」を中心に扱います。

図表4−36　リサーチの目的

答えるべき問い	先進企業はどのような技術を使ってどのようなe-ビジネスを展開しているのか？ それは成功しているのか？ 失敗しているのか？ またその考えられる要因は？
企画のステージ	基礎理解
まとめるイメージ	先進企業の実際の事例と、それらが仄めかす新しい世界観をスライド1枚程度にまとめる

アクセンチュア作成

リサーチの設計

先進的な取り組みは、業界誌の格好のネタです。たとえば、消費財関連の業界誌は自社でも定期購買していて、社内の休憩室などに置いてあります。しかし、それらは上司も見ているかもしれません。だとすれば、新しい発見や気づきを与えるという点では不十分でしょう。

今回の場合は、海外の先進企業や、他業界の企業事例も含めて横断的にリサーチしたいため、海外含めて様々なメディアを横断的に記事検索できる、Dow Jones Factivaを使うことにしました（図表4−37）。

図表4−37　リサーチの技法

調査技法	情報源	取得したい情報
記事検索	Dow Jones Factiva	海外先進企業の取り組み事例

アクセンチュア作成

リサーチの実行・アウトプット化

常にアンテナを張っておき、「弱い仮説」を持つ

まず、あるマーケティング関連誌に面白いピックアップ記事が載っていたことを思い出し、見返してみることにしました。このように、「面白い事例」や「新しい事例」が載っていそうなソースをリストにし、常にアップデートし続ける（いわばアンテナを伸ばし続ける）ことはリサーチャーの基本動作です。

その雑誌に載っていたのは、実際に、あるメーカーAがデジタルサイネージを使った壁面ストアを実験的に展開している記事でした。これは一つの収穫と言えるものの、これだけでは身近な情報源に頼り切ったリサーチに終始し、誰がやっても差がつかない、付加価値の低い情報収集になってしまいます。

ここからさらに発展させるためには、「いまどき、こんなことをやっている企業があってもおかしくない」という“弱い仮説”を起点として情報収集の幅を徐々に広げていくことが必要です。要するに、どんなリサーチにも共通する、仮説ベースでの調査です。この起点となる弱い仮説の幅が、事例収集の限界を規定すると言っても過言ではありません。

この場合、「バーチャルな店舗を展開するメーカーがいるとすれば、リアルな店舗を展開するメーカーもいるはず」という仮説をもとに、さらに調査を進めることにしました。グローバル先進メーカーの事例を見つけるべく、Dow Jones Factivaで海外の記事をあたります*19。また、ネスレ、ペプシコ、コカ・コーラなどグローバルメーカー売上高トップランキングの上から順に「brick & mortar（「煉瓦と漆喰」という意味で、リアル店舗のことです）」や「boutique」「distribution channel」など、実店舗に関連しそうなワードと組み合わせて検索します*20。

---

*19　第2章：記事検索「テクニック：海外の記事検索ツールにもトライする」（58ページ）。
*20　第2章：Web検索「テクニック：検索キーワードを磨く」（35ページ）。

すると、いくつものメーカーが実店舗を構える動きを見せていることがわかりました（図表4－38）。

図表4−38　確かに他のメーカーも新しいチャネルに進出している

大手医療系A社	大手飲料系B社
プラハの4つの駅構内に、バーチャルな“壁面”ドラッグストアを開店し、スマートフォンを介して購入・配送を可能に	試飲ができる実店舗を構えることで、見込み客の裾野を広げ、また既存客にも自社商品をより深く体験してもらえる

アクセンチュア作成

探索の視野を広げて仮説の幅を広げる

弱い仮説の幅を広げるためには、自分に近い／よく知っている業界に閉じるべきではありません。自社と比肩する大企業や、同業界の定番プレーヤーばかりを見てしまうと後発になってしまい、いつまでたっても業界の先進企業になれないからです。

自分にとって目新しく、よく知らない業界や、新興企業（往々にしてベンチャー／中小企業のことが多い）のことを知ることで、直接的に参考になるものだけでなく、まだ自業界では常識化していない新たな発見が得られます。たとえば、「消費財メーカーvs.自動車メーカー」など、同じメーカーでありながら極めて異なった常識を持っている他業界を視野に入れることで、気づきは多くなります。

そこで、今回はメーカーだけでなく、店舗型小売業界やインターネット小売業界のプレーヤーの動きにも目を向けてみることにしました。ここでも同じように、Dow Jones Factiva上で小売業界のいくつかのビッグリテーラー名と、先述の実店舗に関連するキーワードを組み合わせて記事を検索しました。すると、やはり彼らもまた新たな試みを展開していることがわかりました（図表4－39、4－40）。

図表4—39　小売業者も新しいチャネル構築に挑戦し始めている

大手小売りC社	大手小売りD社
100カ国以上でのEC展開により、未進出国の消費者へのリーチを実現。価格は現地通貨で表示され配送もスムーズ	地下鉄駅構内やバス停に、バーチャルな“壁面”ストアを開店し、スマートフォンを介してその場で購入・配送を可能に

アクセンチュア作成

図表4—40　インターネット小売りが実店舗を持ち始めている

インターネット小売りE社	カタログ通販大手F社
E社はロンドンでクリスマス商戦専用店舗をオープンし、購入前に商品を触って試してもらえるようにした	カタログ通販大手F社は、実際に試着してから購入してもらえるよう、ラージサイズのアパレル専門で実店舗を展開

アクセンチュア作成

多面的なソースを複合して全体像を掴み、自社への適用可能性を考察する

ここまでで見つかった事例をただ羅列するだけでは、価値のあるリサーチとは言えません。

発見した事例について、別のソースではどう語られているか、時には関係者に直接問いかけることで、事例の実情や背景・結果など、より深い事実が見えてきます。その上で、複合的な情報をもとに、何が特徴なのか、どのよ

うな学びが得られるのかを考察します。

事例から、どのような学びが得られるのかについては、概ね図表4－41の3つの観点から考察します。中でも、同様の取り組みを始めるにあたり、自社の特徴を踏まえてどう工夫すれば成功率が高まるか、という観点を持つことは非常に重要です。

図表4－41　事例調査を単なる「お勉強」に終わらせないための3つの視点

断片的な事例から マクロな変化への昇華	個々の事例がどう新しいかではなく、各事例から、どのような新たな世界観が読み取れるか、要するにこれまでの常識とどう異なるのか
変化を 引き起こしている背景	なぜそのような事例が出始めているのか（往々にして、先進技術の進歩や、既存技術の新たな適用など）
自社の強みや 得意領域を踏まえた解釈	実現性を高めるために何が必要か（社内組織・人材、ITインフラ、顧客基盤、知的財産など）

アクセンチュア作成

ある記事で成功事例と言われていたものも、時系列で記事を追っていくと、開始当初は話題になったものの、既に取り止めになっているケースもよくあります[*21]。たとえば、バーチャルストアなどは、実店舗での販売に比

＊21　第2章：記事検索「テクニック：時系列で事象を追う」（60ページ）。

べて、店舗は作らなくて済むものの、デジタルサイネージの設置・管理費がかかる上に、全ての商売に配送料がかかるので、そのあたりが障害となりかねません。このため、持続的に成長する確率はそれほど高くないかもしれません。

もしそうであれば、メーカーならではの強みを活かして、実現性を高める工夫を考える余地があります。たとえば、配送料をカバーできる程度に原価を抑えたバーチャルストア専用商品を作る、といった工夫です。あるいは、単独で黒字化が求められる事業としてではなく、消費者の直接的な反応を得るための手段と位置づけることもできるでしょう。小売価格を操作して消費者の価格感度をリアルタイムで獲得できる、または商品の陳列方法による消費者の反応が即座に手に入る、ということであれば、メーカーの商品開発や価格戦略立案にとって非常に価値のある情報源となります。

さて、今温めている企画への教訓を整理すると、

- 国内外の先進企業は確かに既存のビジネスを超える新しいチャレンジに取り組み始めていて、すぐにでも取りかからなければ周回遅れになりかねない
- それは必ずしもデジタルテクノロジーを使ったものに限らないが、デジタル関連の取り組みが取り上げられている記事は多数見られ、新たなチャレンジに新たなテクノロジーを活用することで話題性を期待できる可能性は高い
- 一方で、話題性を狙った一過性のマーケティング施策なのか、あるいは消費者との直接的なコンタクトポイント増加を狙ったオムニチャネル作戦の一施策なのか、あるいは単一で採算が取れるビジネスなのか、企画そのものの自社にとっての位置づけをはっきりさせる必要がある

といったことがわかりました。これらの教訓を踏まえて、企画自体を練り直し、わかってきたことを資料としてまとめます。

リサーチの総括

事例から得られるメッセージをクリアに表現するためには、対比でコントラストをつけることが有効です。たとえば「成功事例vs.失敗事例」、「今vs.昔」、「国内vs.海外」といった対比です。

今回は、「業界Aの動きvs.業界Bの動きvs.業界Cの動き」という業界間の対照でまとめました。インターネット小売やメーカーといった、これまで棲み分けていたプレーヤーが互いに競合となり、同じ土俵で戦い始めている、という世界観を示しています。

図表4−42　薄れつつあるメーカーと小売の境界線

メーカーにも小売業者にも、生活のあらゆるシーンを通じて
消費者との絆を強化すべく、既存の境界線を踏み越える動きが出てきている。

実店舗／バーチャル店舗を持ち始めた消費財メーカー	バーチャル店舗を持ち始めた実店舗型小売り	実店舗を持ち始めたインターネット小売り
大手医療系A社	大手小売りC社	インターネット小売りE社
プラハの4つの駅構内に、バーチャルな“壁面”ドラッグストアを開店し、スマートフォンを介して購入・配送を可能に	100カ国以上でのEC展開により、未進出国の消費者へのリーチを実現。価格は現地通貨で表示され配送もスムーズ	E社はロンドンでクリスマス商戦専用店舗をオープンし、購入前に商品を触って試してもらえるようにした
大手飲料系B社	大手小売りD社	カタログ通販大手F社
試飲ができる実店舗を構えることで、見込み客の裾野を広げ、また既存客にも自社商品をより深く体験してもらえる	地下鉄駅構内やバス停に、バーチャルな“壁面”ストアを開店し、スマートフォンを介してその場で購入・配送を可能に	カタログ通販大手F社は、実際に試着してから購入してもらえるよう、ラージサイズのアパレル専門で実店舗を展開

アクセンチュア作成

第5章

“リサーチ脳”を鍛える「抽象化思考」

最終章である本章では、リサーチ力を高めるためにどのような頭の使い方をすべきなのかを整理するため、改めてリサーチとは本質的にどのような営みなのかを考えていきます。

Point 1

知識は抽象化することで生まれる

リサーチとは、端的に言えば「知ること」です。もう少し解説的な言い方をすれば、「過去の事実から学び、応用可能な知識を得ること」です。では、さらに基本的なこととして、「知識」とは何でしょうか？

DIKWピラミッド

この問いは哲学者プラトンが『テアイテトス』で主題として取り上げたように、古代ギリシア時代から普遍的なテーマであり、様々な解釈が存在しますが、本書の文脈を踏まえた一つのシンプルな考え方として、DIKW理論というものをご紹介します。

ただ表面的事実を把握するだけでは、DataやInformationとしてただそこにあるだけであり、有用なKnowledge（あるいはIntelligence）やWisdom

図表5−1 DIKWピラミッド

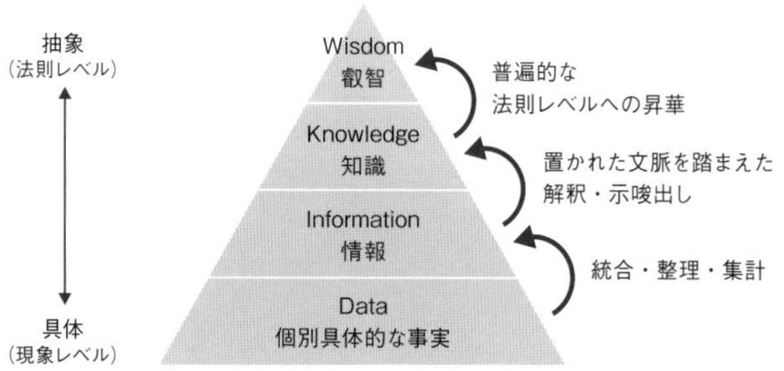

アクセンチュア作成

にはなりません。知識や叡智は、入手した情報を昇華して生み出していくものなのです。昇華するというのは、言い換えれば解釈する・意味づけすることであり、抽象化していくプロセスとも言えます。

このDIKW理論（DIKW PyramidやDIKW Hierarchyとも称されます）自体は、情報工学の分野では古くからあり目新しいものではないのですが、入手できるBig Dataの種類や量が増えるにつれ、データの収集蓄積のみならず、その理解や解釈が知識形成には肝要であるとして近年注目されています。

抽象化や解釈の難しさ

近年では、教師なし学習で進化できる第4世代AIの研究が進んでおり、大量のデータさえあれば有意義なインサイトが出てくる時代も近いのではと思われますが、そこには越えるべき大きな壁がありそうです。

AI研究の世界では、未解決とされている「フレーム問題」というものがあります。どのような問題かというと、端的には以下のように表現されます。

「世の中で起こり得るすべての事象から、今行うべき分析・判断に必要な情報のみを『枠（フレーム）』で囲うように、選び出すことがAIには非常に難しいという問題」（ニッセイ基礎研究所 百嶋徹氏）

「人工知能が問題解決を行おうとするときに、何が自身にとって重要なファクターで、何が自身にとって無視してもよいファクターであるのかを、自分自身で自律的に判断することができないという問題」

（早稲田大学教授 森岡正博氏）

具体的に理解するために、アメリカの哲学者ダニエル・デネットが示した思考実験を紹介します。

まず、「ある洞窟内に、ロボット用のバッテリーが置いてあり、またその上には時限爆弾が載っている」という状況を仮定します。

この状況で、人工知能が搭載されたロボット1号機にある指令を与えます。

指令1:「この洞窟に入り、中にある時限爆弾付きのバッテリーを安全に取り出せ」

すると1号機は洞窟の中に入り、バッテリーをそーっと取り出しますが、その上に載っている爆弾も一緒に持ってきてしまうことの帰結に気づかず、爆発してしまいました。

次に、ロボット2号機を用意し、次のような指令を付け加えます。

指令2:「自分の行動による副次的な帰結も行動判断の材料にせよ」

すると、洞窟の中に入っていったロボット2号機は「天井は落ちてこないか」「バッテリーを動かすと爆弾は爆発しないか？」「壁の色は変わらないか」「時限爆弾のタイマーは加速しないか」など関係あるものないもの問わず、ありとあらゆる可能性を考え始め、時間切れで爆弾が爆発してしまいました。

そこで、ロボット3号機には次のような指令を与えます。

図表5−2　フレーム問題の思考実験

洞窟内にロボット用のバッテリーが置いてあり、またその上には、時限爆弾が載っている、という状況を仮定する

指示例：洞窟内から時限爆弾付きのバッテリーを安全に取り出せ

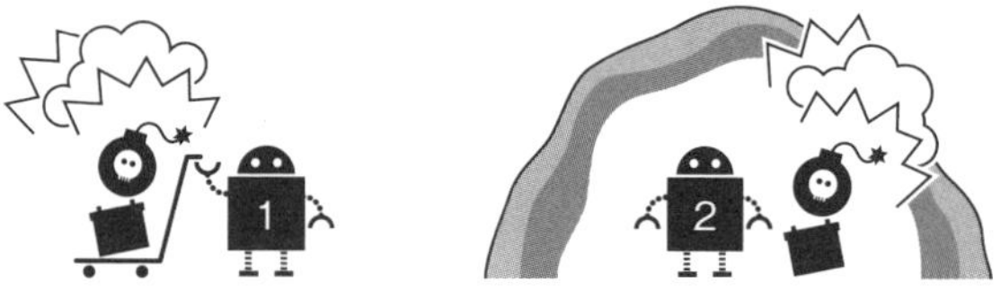

人工知能が搭載されたロボット	1号機	バッテリーは取り出せるが、一緒に爆弾も取り出してしまうことに気づかず爆発
自分の行動による副次的な結果も考えるよう改良	2号機	「動かすと爆発しないか」「天井は落ちてこないか」「壁の色は変わらないか」など、ありとあらゆる可能性を列挙して考えるうちに爆発
爆弾に関係あることだけを考えるように再改良	3号機	何が爆弾に関係あり、何が関係ないのかを列挙して考えるうちに爆発

アクセンチュア作成

指令3:「爆弾に関係があることだけを考えよ」

すると、洞窟に入った3号機は、何が関係あって何が関係ないのか極めて些細なことから列挙し、判断し始めてしまい、これまた時間切れで爆発してしまいました。

つまり、無限の可能性を考えてしまうが、有限の情報処理能力しかないコンピューターを搭載するロボットは重要な情報を仕分けられず、現実に起こりうる問題に適切に対処できない、という問題です。

状況に応じて雑多な情報から有意義なものへ抽象化し解釈を与える作業(構造を与えるという意味で「構造化」とも言います)を、普段私たち人間はいとも簡単に日々こなしていますが、実は極めて高度な知的作業であり、人間をはるかに超える記憶容量や計算能力を持つコンピューターにもまだできません。計算能力の問題であればいつかはAIが乗り越える日も来るでしょうが、無限>有限という論理的な壁であるため、根本的な解決は困難であると考えられています。

さらに、データがどれだけあっても、どれだけの計算処理能力があっても、「何が有意義なのか」は極めて文脈依存的であり、仮にある状況下で有意義であることを選び出せたとしても、その解釈が次の瞬間には無価値である、ということがあり得るのです。

人間にとってもこの論理的な壁はないわけではなく、どのように乗り越えているかについては諸説あるのですが、今のところ、また今後もしばらくは、数多の情報の中から重要なものを取捨選択し、解釈して有意義な知識とする、というのは人間に特権的な知的作業であり続けるでしょう。そして、何らかの枠組みで世界を切り取る、という知的作業を磨くことこそ、リサーチ力を高める神髄であると考えます。

切り取り方で景色は大きく変わって見える

目の前にある情報をどう解釈するか、いわば「世界をどう切り分ける」かがあらゆる判断の前提として大事である例をもう一つ挙げましょう。

「関ケ原合戦図屏風」をご覧になったことはあるでしょうか。関ケ原で、東軍と西軍がそれぞれ陣を敷き、にらみ合っている様子を描いたものです。江戸時代の屏風絵の主題として好まれたのか、いくつも種類があるようですが、ある時、歴史好きの子どもと一緒にこの屏風絵を眺めながら、旗印を参考に両軍の有名武将がどこに陣取っているか確かめる遊びをしていました。

図表5—3　関ヶ原合戦図屏風

提供：akg-images/アフロ

何気ない遊びですが、確認が進むにつれて全く異なる景色が見えてきたのです。ちなみにそのときに見ていたのは、「関ケ原町歴史民俗学習館」所蔵のものでした（画像検索してみてください）。

現代人の一般的な感覚から、地図地形の上は北であり、向かって右側が東（すなわち東軍が布陣）、左側が西（すなわち西軍が布陣）と勝手に思い込んでいたのですが、それぞれの武将の陣をマッピングしてみると、実際には手前（向かって下側）が東軍、向こう側（上側）が西軍だったのです。

考えてみれば、手前側（味方側）から正面に向こう側（敵側）を見据える構図となっているのは、徳川の江戸時代に描かれたものであれば全く不思議なことではありません。歴史に詳しい方にとっては常識かもしれませんが、横長の絵ということもあり、無意識に絵の上下左右に東西南北のバイアスをかけて見ていたことに気づきました。俯瞰的に戦況を把握し判断が求められる軍師にとって、このようなバイアスは致命的だったと言えるでしょう。

Point 2 思い込みを排して事実をもとに抽象化し直す

先に述べたように、何らかの枠組みを通じて物事を理解することは、効率的に世界を把握するために必要な知的作業であり、それ自体が悪いということではありません。重要なのは、「我々は必ず何らかの枠組み（バイアス）を通じて物事を理解している」ことを自覚することです。自覚さえしていれば、従来の枠組みでは理解しにくい事実が出てきた、とか、何がどうなっているのか事態が把握しにくい、といった場合に、新たな枠組みを試してみることができるはずです。

ケース：食品業界の枠組みの変化

ケーススタディのScene4（青汁市場）で取り上げた例とも近いですが、競争環境や市場の捉え方についても同様のことが言えます。

たとえば、飲料・食品業界では、対象市場を顧客の分類に合わせて「家庭用」と「業務用」に分けることが一般的です。家庭用市場は、その名の通り一般家庭で最終消費されるチャネルであり、メーカーにとっての顧客は一般小売店や量販チェーンなどです。業務用市場は、外食店舗で最終消費されるチャネルであり、顧客はレストラン、カフェなどです。顧客が異なるため、このように分けることで商品やマーケティング、販促もそれぞれに合わせて考えていきます。

しかし、近年この括り方では十分に対応しきれない状況が広がりつつあります。それは、Uber Eatsや出前館といったデリバリーサービスの成長・浸透によって生まれてきた市場です。出来合いのものを家で食べる消費行動は、これまでも、「外食」「内食」に加えて「中食」と呼ばれ認識はされていた市場ですが、スーパーの総菜やファストフードのテイクアウトのような、内食産業や外食産業の一部あるいは亜種と捉えられてきた面がありました。

近年の変化で特徴的なのは、従来は寿司やピザなどに限られていた「宅配専門の業者」が爆発的に増加していることです[*1]。外出自粛が呼びかけられた中、従来の店内飲食型店舗がテイクアウト・宅配に活路を求めただけでなく、店内での飲食を前提としないため、新規開店のハードルも低いことが要因と考えられます。

いまや、街中で飲食物がデリバリーされている様子を見ない日はなく、コロナ禍だけの風潮ではなくなっているようです。そうなると、中食市場は内食（家庭用）市場と外食（業務用）市場のすき間や亜種と捉えてよいのか、より効率的に市場全体を捉える枠組み（すなわち、無視できないほどに成長するこの業態を顧客としたときに特別な打ち手を考える余地）は、という問いが浮かんできます。

クリティカル・シンキングの本質

このように、新しく入手したデータや新たに発生した事象を、既存の枠組みで無理に捉えようとすると、収まりが悪いと感じるケースが出てきます。そのようなときこそ、既存の枠組み（バイアス）をリニューアルする（再抽象化する）チャンスなのです。その気持ち悪さは、既存の枠組みがもはやうまくいっていないことを示すシグナルですから、無理に抑え込まず、正面から包摂する枠組みを考えることが極めて重要です。これまでの理解の枠組みを壊すのは勇気がいりますし、億劫な気持ちも理解できます。しかし、気持ち悪さを抑え込んで既存の枠組みに拘泥していると、軽視していた市場が重要な市場に成長しており、いつの間にか取り残されている、といったことになりかねません。

---

*1　参考：エヌピーディー・ジャパン株式会社「外食・中食調査レポート」によれば、コロナ以前（～2019年）におけるフードデリバリー市場の成長率は1桁台だったが、2020年：+50%、2021年：+27%と飛躍的に成長。

これを模式的に表したものが図表5－4です。本章の冒頭に示したDIKWピラミッドと同じように、具体的・個別的な事象は、抽象化していくことではじめて○○市場や△△市場と抽象的に（効率的に）市場全体に対する知識を得ることができるわけですが、このピラミッドは常に新たな具象によって再構築を迫られる運命にあります。

図表5－4　「クリティカル・シンキング」の本質

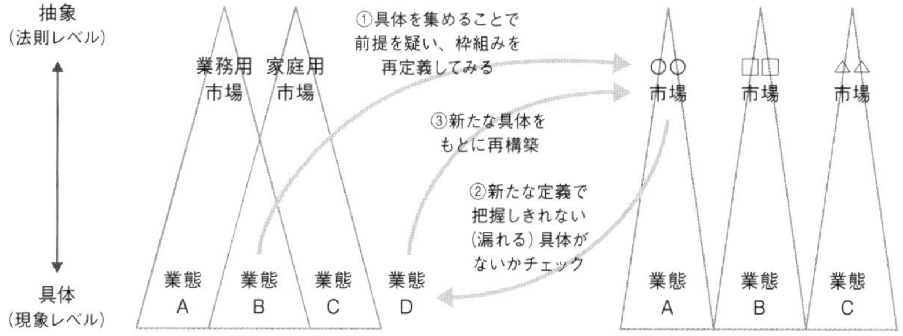

アクセンチュア作成

これは、言い換えると、既存の枠組み・解釈に対して「批判的・懐疑的」に考えることで、まさに「クリティカル・シンキング」の本質と言えます。

「クリティカル・シンキング」は日本語では「重要思考」などと訳されることが多いですが、criticalの語根は「critique（批評）」と同じであり、クリティカルな態度で、すなわちいろいろなものを疑ってみる姿勢で考えることに他なりません。具体的なものを集めて抽象化し、その抽象的な枠組みで具体的なものを解釈する、という抽象と具体の弛みない往復こそが、知識を常に更新し続けるために不可欠な知的作業なのです。

Point 3

「抽象と具体」「分析と総合」「帰納と演繹」

ニュートンの示唆

抽象化と具体化の往復が、知識を求める科学的探究思考の礎であることについて、現代科学の父とも言えるニュートンの言葉を借りてみましょう。ニュートンは主著の一つ、『光学』において次のように述べています。

「数学と同様、自然哲学においても、難解な事柄の研究には、分析の方法による研究が総合の方法につねに先行しなければならない。この分析とは、実験と観測をおこなうことであり、またそれらから帰納によって一般的結論を引き出し、この結論に対する異議は、実験または他の確実な真理からえられたもの以外は認めないことである。なぜなら、仮説は実験哲学では考慮されるべきではないからである。実験と観測から帰納によって論証することは一般的結論の証明にはならないが、しかもなおそれは事柄の性質からみて許される最良の論証の仕方であり、帰納が一般的なものであればあるほど、有力であるとみなすことができよう。そしてもし現象から何の例外も生じなければ、その結論は一般的に成立するといってよい。しかしもしその後何らかの例外が実験から生じたならば、そのとき初めてこのような例外があるものと明言してよい。この分析の方法によって、われわれは複合物からその成分へ、運動からそれを生じる力へ、一般に、結果からその原因へ、それも特殊な原因からより一般的な原因へと進むことができ、ついには最も一般的なものに到達して論証は終る。これが分析の方法である。そして総合とは、発見され、原理として確立された原因をかりに採用し、それらによってそれらから生じる諸現象を説明し、その説明を証明することである。」（『光学』岩波

文庫版356頁）

少々言い回しが難しいのでポイントを解説すると、科学的研究の方法とは、

A）具体的な事実を集めて分析することで、おそらくこうであろうという結論を得る（帰納的思考）

B）その結論にそぐわない具体的な事実が少ないほど、その結論は有力（もし例外が生じるならその結論には見直しの余地がある）

C）その結論（原理）を使って、具体的な事象を説明・推測する（演繹的思考）

のである、と言っています。

よく、問題を分析する、といったふうに使われる「分析（アナリシス、analysis）」という言葉は、何気なく用いられていますが、本来は難しい事柄や数多の個別具体事象を、容易に理解できるように析（き）り分けたり一般化することであり、分析という手続きによって得られた結論を使って総合（シンセシス、synthesis）的に物事を説明したり予測したりする、というのが自然哲学（現代で言う「科学」は昔そう呼ばれていました）の方法論です。

抽象化思考は終わりがない

注意すべきは、この「分析（帰納的思考）→総合（演繹的思考）」という手順は、必ずしも一度きりの一方通行で終わるわけではないことです。新たな事象が観察される度に、仮の結論は揺るがされ、新しい結論を求める分析が必要になります。この「分析→総合（あるいはその行ったり来たり）」は「抽象化→具体化（の行ったり来たり）」と同義です。

身近な例で考えると、

①私がこれまでに見かけた、都市部に多いクチバシの大きい50cmくらいの

カラスという鳥は全て黒かったので、全てのカラスは黒い（過去に見かけた全てのカラスという経験的事実から、「カラスとは黒い」と帰納的に抽象化）

②カラスは黒いものであるから、次に見かけるカラスの個体も黒いだろう（演繹的に推論）

③次の日、白いカラスの個体を目撃！（例外的な事象の観測）

④カラスはほとんどの場合黒いが、ある一定の条件下では白い個体も存在する（修正された帰納的思考）

⑤次に私が見かけるカラスは、黒か白だろう（修正された演繹的推論）

⑥カラスの中でもホシガラスという種は茶色の翼に白の斑点があり……

と続きます。

ビジネスの現場では日々新しい取り組み事例が生まれ、技術が実用化されて、それまでの常識が揺るがされていくわけですから、市場環境を理解する枠組みは常に（仮）であり、更新し続ける大事さは理解いただけたと思います。

Point 4

なぜ他社の成功事例を鵜呑みにしてはいけないのか

抽象と具体の往復の重要性を踏まえて、リサーチで得た「事例」の使い方についても注意すべきことがあります。

事例というのは、ある人（会社）がこんなことをしてこんな結果が得られた、という過去の具体的経験です。自分では経験したことがない行動を実行に移す意思決定をする前に、過去の他者の成功事例を見て安心したいという気持ちは十分に理解できます。しかし、他者の成功事例ほど注意して眺めるべきです。それには、いくつかの理由があります。

まず、外部に出ている成功事例には、公表するだけの意図があります。成功事例が公表されている媒体に着目すれば、その意図は自ずと見えるはずです。

次に、成功に至った要因が意識的／無意識的に捨象されている、という点です。秘密にすべき成功要因を積極的に外部公表するとは考えにくいですし、また事例を語る本人なりの抽象化がすでに加えられている、とも言えます。

さらにいえば、成功たらしめた決定的要因が明確でないことも十分に考えられます。成功事例というのは、極論をいえば、「失敗事例で発生したような、失敗に繋がる原因がいずれも発生しなかった結果」とも言えます。これが成功の要点だった、と特定されていたとしても、いわゆる“生存バイアス”がかかっていると見るべきです。

ビジネスの世界ではなぜ模倣が難しいのか

自然科学であれば、Aというアクションをして Bという結果が得られた実験で、前提条件が同じであれば何度試しても同じ結果が得られます。一方、ビジネスの世界においては、ある企業がAというアクションをしてBという結果を得たとしても、他の企業が模倣してBという結果が得られないことが多いのです。現実には影響を与える条件が複雑に絡み合っており、簡単に再現できません。個別事例ごとに状況が異なるため、前提条件を揃えた試行結果を統計的に有意なほど集めるのはとても困難ですし、厳密に因果関係を証明できる決定事例も、ほとんどないと考えるべきでしょう。

一方、失敗事例の「失敗した原因」は、複合的であるものの明確に存在します。それゆえ、同じ轍を踏まないという意味で失敗事例から学ぶことは多いのですが、好き好んで自分の過ちを公表する人は少ないので、失敗事例は通常公表されることはあまりありません。何かの巡りあわせで失敗事例を得ることがあれば、何が失敗を招いたのかよく傾聴し学ぶべきです。ただし、成功事例があるからやってみよう、が避けるべき短絡であるのと同様に、失敗事例があるからやめておこう、という判断もまた避けるべきです。

図表5–5　なぜ他社成功事例をそのまま鵜呑みにしてはいけないのか

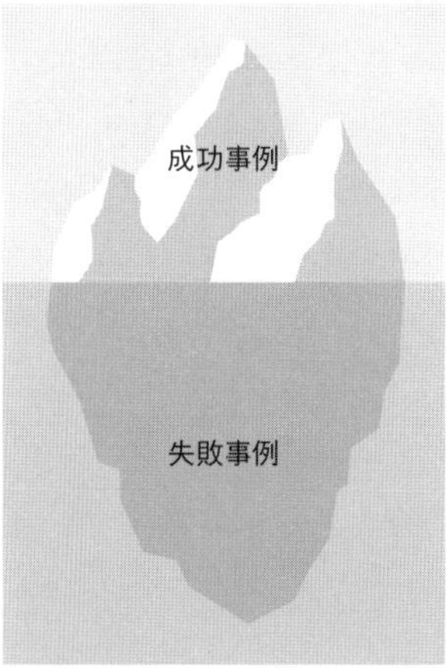

- 外部に出ている成功事例は、公表するだけの意図がある
- 成功たらしめた特殊要因が意識的／無意識的に割愛されている、あるいは、成功たらしめた決定的要因が明確でない（逆に、失敗事例では発生したような、失敗に繋がる原因がいずれも発生しなかった、とも言える）➡いわゆる"生存バイアス"

- 失敗事例が失敗した原因は（複合的かもしれないが）明確に存在する
- それゆえ、失敗事例から学ぶことは多い（同じ轍を踏まない）はずだが、失敗事例はその性質故に通常公表されることはない
- 本来は、失敗事例にこそもっと傾聴すべき。ただし、失敗事例だから取り組む必要はない、は短絡の極致

アクセンチュア作成

抽象化してヒントを掴む

成功事例であれ失敗事例であれ、そっくりそのまま真似るのではなく、アクションを考えるための抽象化されたきっかけや切り口を掴むものと捉えるべきです。

たとえば、あるメーカーが消費者との直接的な繋がりを求めてFacebookにファンページを開設しました。そのメーカーが取り扱う消費者向け商品自体は人気があるものの、企業と消費者との繋がりの強さを表す指標の一つであるフォロー数は一向に増えません。実際にファンページを見てみると、企業からの一方的なキャンペーン通知や新商品紹介だけが発信されており、消費者との双方向的な対話になっていませんでした。これでは盛り上がらないのも当然です。一方、別のメーカーは、商品に対する不満コメント一つ一つに「なぜそうなっているのか」「今後どうする予定なのか」を真摯に返信しており、急速にファンを増やす結果となりました。

この場合、成功事例だけに頼って教訓を得ようとすると、「一つ一つ返信すれば成功する」に留まりがちです。しかし、仮に一つ一つ返信したとしても、機械的な回答であればすぐに消費者は離れていってしまいます。むしろ、失敗事例と成功事例とを対比させて考えると、双方向的な対話というソーシャルネットワーキングの最も大きな特徴を的確に捉え、「消費者一人一人と等身大で向き合って会話する」姿勢こそが重要な成功要因だとわかります。そう捉えれば、「一つ一つ必ず返信しなければ」という単純な模倣を超えて、「社員の個人名で語る」あるいは「人間味のあるキャラクターが発信する」「自社に関係のある宣伝ばかりでなく折々の話題について語りかける」など、打ち手に幅が出てくるはずです。

抽象化してエッセンスを適用することが事例の正しい使い方であるとすると、学ぶべき事例は必ずしも自社の業界にこだわる必要はありません。たとえば、いまや子どもからお年寄りまで幅広く人気の「回転寿司」ですが、考案したのは、大阪で立ち食い寿司店を経営していた白石義明さんという方でした。お店の人件費に悩んでいたところ、アサヒビールの工場見学でベルトコンベアを見て、「寿司を回転させれば、運ぶ手間がかからない」と思いついたとのこと。1958年にオープンした日本初の回転寿司店はたちまち話題となり、大阪万博での注目もあってその後全国的に広まっていきました。

自社の置かれた業界では思いもよらないことが、全く別の業界では先取りで挑戦されていたり、既に常識だったりということがあるので、視野を広げて教訓や気づきになる事例を探すことが有益です。

図表5–6　事例の正しい使い方——比べる・学ぶは抽象化してから

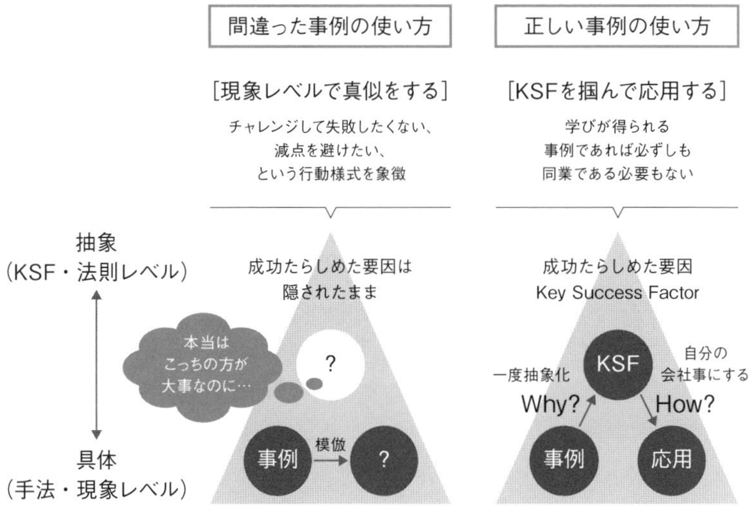

アクセンチュア作成

Point 5

世の中の新技術をどのように解釈するか

他社事例に限らず、新しい技術が実用化されそうだ、といったニュースを目にすることがあります。これを自社ビジネスに応用するためにどう解釈するかという際にも、同様に抽象化が肝です。

完全自動運転が現実となった未来を想像する

たとえば、国土交通省の『官民ITS構想・ロードマップ』によれば、自動車の完全自動運転は2025年頃の実現に向けて様々な実証実験が進められています。ここでいう完全自動運転とは、Level4、すなわち「特定条件下における完全自動運転」のことで、現時点では高速道路での運転においてシステムがすべての運転タスクを実施することを指しています。その先にはLevel5、すなわち特定条件なしでの完全自動運転が定義されています。Level5についてはまだ実現時期は置かれていないようですが、このペースでいけば、そう遠くない将来に実現すると予想されます。

では、Level5自動運転が実現した暁には、社会にはどのような変化が起こるでしょうか。たとえば、ビールメーカーにとってどのような影響があるか考えてみましょう。

コスト面では、原材料や資材の移動が自動化・無人化できたり、工場から物流拠点への配送に関わる人手不足や人件費高騰の解消が期待できそうです。

売上面では、自動運転車でレストランに来店する人にもアルコールを提供できるようになり、販売機会の拡大が狙えそうです。得意先への営業訪問も効率的に増やせるかもしれません。

抽象化し直して考える

しかし、これまで不可能だったことが技術的に可能になるにもかかわらず、発想に広がりが乏しく、未来の新ビジネス感としてのインパクトが弱いように感じられます。気づかぬうちに、前提となる枠組みに囚われてしまっているのでしょうか。そこで、完全自動運転の意味合いを抽象化して考えてみます。

Level5の完全自動運転が意味するところは、いろいろな抽象化があり得ますが、一つの考え方として「物理的な場所／移動に起因するあらゆる制約が極小化されること」と言えます。これは、言い換えれば、単なる産業技術の進化を超えて、いわば“テレポーテーション”の実現に近い変化と考えられます。

そう考えると、どこかの生産地で作って運んで消費地で売る、という枠組みに囚われない発想が可能なのではないか？　そもそも固定的な生産拠点や物流拠点や営業拠点が必要なのか？　消費者に販売するための固定的な店舗は必要なのか？　むしろ、人々が欲する場所で、欲するタイミングで提供できれば、消費者にとって最大の利便性となるのではないか？　など発想の幅が広がります。

さらに、どこか固定の拠点で生産し、お客様に来てもらう販売・消費拠点（小売店や居酒屋）を構えるという従来の生産・販売方法を超えて、たとえば、調達・生産・販売・消費が可能な、自動で移動するビークル（車）を街の中に多数回遊させ、いわばタクシーのように、消費者が好きなところで捕まえたり呼び出したりすることで、いつでもどこでも作りたての美味しいビールが飲めるようなビジネスができるかもしれません（生産効率は落ちますが、ここでは発想の広がりを優先します）。

あるいは、自家用車での移動が飲酒の妨げにならないので、観光列車のように、アルコールを飲みながら景色のいいところをドライブして帰ってくる、といった夢のような体験が実現できるかもしれません。途中でビールが足りなくなったら、街中を走っている無人ビークルと走りながら連結し、戦闘機と空中給油機のようにドライブしながら気分に合わせたビアカクテルを注文する、なんていうことも考えられます。

さらには、自動運転から出発して抽象化した「テレポーテーションの実現」を発想の起点として、具象は他にないのかを考えてみると（これも抽象→具象の行ったり来たりです）、3Dプリンターや家庭用調理家電の高性能化についても同じような考え方が応用できそうです。たとえば、食品・飲料の個人の細かい好みの味付けのレシピを入力すると即座に調合され、提供されるような超高性能自動調理・販売機が実現し、それが自動運転車に設置される、というような将来も描くことができます。あらゆる種類の飲み物が提供され、フードメニューも有名高級店、チェーン居酒屋、話題の個人店のものまである、乗って移動できるフードコートあるいは屋台村のようなものになるでしょう。そうなると、飲料業界と食品業界という業界の壁は薄くなり、メーカーと飲食店というフードチェーンにおけるプレーヤーの垣根も低下。卸や営業の役割も変化せざるを得ず、商品の差別化・訴求方法も変わっていくでしょう。

このように、ある技術進化について考える際には、いまの常識を前提として直接的な影響はどこに現れるだろうか、と思いを巡らすのではなく、要はそれってどういうことなんだろう？　と一度抽象化してから考えることで、発想はどんどん広がっていきます。

常に知識を更新していく営みが「リサーチ」

蓄音機という新しいテクノロジーがエジソンによって発明されたのは1877年のことですが、難聴だったエジソンは、開発当時、蓄音機を人の声を記録する装置と考えていました。それゆえ、特許も「フォノグラフ（音声を書く機械）」という名前で取得し、用途も「速記者を使わないで手紙を書くため」や「耳で聞く書籍」、「話し方の先生」などとして商業販売に乗り出しました。世間ではそのような用途のニーズが多くなかったのか、当初は鳴かず飛ばずでした。そのうち、ビクターやコロムビアといった競合企業が、レコード盤に記録する方式の蓄音機を開発し、音を記録・再生する機械として、人の声だけではなく音楽をいつでもどこでも楽しめる「娯楽のための装置」として発売したところ商業的に成功。発明したエジソンは、1929年には蓄音機事業から撤退する結果となりました。いまや蓄音機はあらゆる人が持つスマートフォンの中に音楽プレーヤーとして収まっていて、日々の生活・娯楽に欠かせないものとなっています。エジソンほどの大発明家であっても、気づかぬうちに、「声の記録」というバイアスに囚われていたのかもしれません。

常に前提を批判的に疑い、事実を弛まず解釈し直し、“知識”を更新していくことこそがリサーチであり、その営みが私たちが置かれた状況をより適切に理解することを助け、個人や組織の運命を左右していくのです。

おわりに

今日からビジネスリサーチ力を高めるために

今日からリサーチ力を高めるためには、「日々の生活で様々なメディアに目を配り、“新しいこと”を敏感に拾い上げる感性」を大事にしましょう。テレビ、新聞、雑誌やWebといった一般メディアだけでなく、街で見かける広告宣伝、いつも買物するスーパーの新商品棚、友人とのおしゃべり、あるいはレストランで隣のお客さんが話している内容さえも、新たなリサーチのきっかけとなる情報源です。いろいろなことに興味を持ち、アンテナを張り続けていれば、リサーチの必要性に迫られた際にきっと役立ちます。

次に、リサーチに着手してからは常に、「今何がわかっていて、何がわからない状態か」を整理するよう心がけましょう。情報は無限に増え続けますが、使える時間は有限です。効率化の観点から、この棚卸しは重要です。

そのときまでにわかっていることを他人にも説明できるレベルで、紙やExcelにアウトプットしてみましょう。頭の中だけで整理していると、後から考えると「これは調べる必要なかったな」という無駄が発生しますので、視覚的に整理しておくことは重要です。

また、情報の取り方を工夫し、執念をもって欲しい情報を取りに行く姿勢も重要です。「調べたけど、ここまでしかわからなかった」というのは、最も避けるべき言い訳です。調べてわからなければ、詳しい人に訊く。知っていそうな人を知っている人に訊いてみる。調べ方を知っている人に訊いてみる。迷惑かもしれない、と思いながらも、しつこく訊く。欲しい情報がとれない中途半端なリサーチは、無為に等しいと考えてください。有益な情報を持っている人と沢山知り合うことも、調べる力を身に付ける効率的な方法です。

「調べる」より「考える」が本当は重要

デジタルテクノロジーの進化・普及によって、ビジネスを取り巻く環境や既存のビジネスのあり方に対して根本的な変化を迫るような“新しいこと”が、文字通り日々生まれています。

そんな中で、コンサルティング業界においても、「経営戦略論や過去の事例に精通し、経験も豊富な人たちが、切れ味の鋭い戦略を描く」といった、一般的に抱かれているイメージはもはや遠い過去のものとなっています。歴史を学ぶことはもちろん有意義ですが、同時に、常に“新しいこと”を知り、挑戦していかなければ、時代に取り残され、誤った判断を生みかねません。

一方で、デジタルテクノロジーの進展で、以前であれば図書館にわざわざ足を運ばざるをえなかったり、あるいは専門の調査会社に依頼しなければならなかったり、そもそも特定の企業や人にアクセスが限定されていたような情報が、極めて入手しやすくなっている時代でもあります。リサーチは格段にやりやすくなっているのです。

誰でもある程度のことは簡単に調べられるようになった今、翻って「普通のリサーチでは差がつきにくい」ことも意味しています。普通のリサーチでは誰がやっても同じ、普通の答えしか出てきません。

本書はリサーチ技法の本ですが、本質的にはリサーチにおける「考える作業」の重要性を一貫してお伝えしてきました。常にアンテナを張り、多様な仮説を想定したりリサーチで得たファクトの背景を洞察するなど「調べる作業」を支える「考える作業」そのものが重要なのだ、ということに共感いただき、この本を手に取ってくださった皆さんが卓越した“調べる力”を身に付けることを執筆者一同願ってやみません。

執筆者一同

巻末資料

本書でご紹介したリサーチに役立つサイトを最後にご紹介します。

もちろん、このほかにも様々なサイトがあります。

皆さんがリサーチをする上で「役に立った」と思ったサイトはぜひブックマークして、自分のリサーチスキル向上に役立ててください。

記事検索

国立国会図書館「リサーチ・ナビ」

https://rnavi.ndl.go.jp/

国立国会図書館の職員が調べ物に有用だと判断した図書館資料、Webサイト、各種データベース、関係機関情報が、特定のテーマ、資料群別に紹介されている。

株式会社ジー・サーチ「G-Search」

https://db.g-search.or.jp/

日本最大級のビジネスデータベースサービス。主に日経以外の全国紙、業界紙（全国紙、ブロック紙、地方紙の記事全文等の情報、企業概要、財務、人事等、企業に関する情報、各業界の専門紙の記事全文等）の情報を提供している。

Dow Jones & Company, Inc.「DOW Jones Factiva」

https://www.dowjones.com/professional/jp/factiva/

多種多様な言語、海外メディアの新聞、雑誌などの記事検索が可能。

公的調査・統計

総務省統計局「e-Stat」

https://www.e-stat.go.jp/

これさえ見れば政府系の統計はほぼカバーできる。収録されているデータは極めて多岐にわたるため、政府統計名が不明の場合でも、「分野」や「組織」等から絞り込むことで統計データを検索可能。

総務省統計局「国際機関等（統計関係のページ）」

https://www.stat.go.jp/info/link/4.htm

各国際機関の概要が一覧化されているので、国際機関の情報にあたる際に、どこに欲しい情報がありそうか、あたりをつける参考になる。

世界銀行「世界開発指標」

https://data.worldbank.org/country/japan/japanese

世界銀行が運営しているデータベース。214の国・地域の行政・中央銀行と連携し、過去50年分以上の各国の人口、GDP、GNI等のマクロ指標が所蔵されている。

民間調査レポート

株式会社ユーザベース「SPEEDA」

https://jp.ub-speeda.com

560業界毎に、概要・市場環境・競争環境をまとめた独自レポートを格納。5GやAIといった最新テクノロジー・ビジネスについてまとめた98以上のトレンドレポートも収録されている。

Euromonitor International Ltd.「Euromonitor」

https://www.euromonitor.com

グローバルベースの定番的な調査会社。消費財業界を中心に各業界の市場動向、ホットトピックで主要企業のプロファイル・分析を提供している。

執筆者一覧

山崎 孔輔（やまざき・こうすけ）

アクセンチュア株式会社　AIセンター　マネジング・ディレクター

東京大学大学院新領域創成科学研究科（Ph.D.）。大手製造・流通業、製薬業界、公共サービス領域を中心に、高度アナリティクスを活用した事業戦略、営業戦略、マーケティング戦略など幅広く支援。マーケティング・アナリティクスにて、会津大学客員講師兼任、関連著書多数。

内田 悠介（うちだ・ゆうすけ）

アクセンチュア株式会社　ビジネス コンサルティング本部　ストラテジーグループ　シニア・マネジャー

東京大学大学院卒。大手小売企業・消費財メーカーを中心に、中長期戦略策定、サステナビリティ戦略策定、全社コスト改革、業務改革など、企業成長テーマを多数支援。

西脇 大喜（にしわき・ひろき）

アクセンチュア株式会社　AIセンター　シニア・マネジャー

Linnaeus University経営学部卒。大手消費財メーカー、小売流通業を中心に業務改革、マーケティング戦略、MD改革、新規事業創出・R&D、各種業務改革のコンサルティングを実施。アナリティクスを活用した経営／業務改革（Data Driven Consulting）を推進。

沖山 なつ実（おきやま・なつみ）

アクセンチュア株式会社　ビジネス コンサルティング本部　コンサルティンググループ　マネジャー

東京大学法学部・同大学院総合文化研究科卒。消費財業界を含む様々な業界のクライアントに対するトレンドリサーチ、中長期戦略立案、デジタルサービスを中心とした新規事業構想・事業立ち上げなどの支援業務に従事。

内田 康介（うちだ・こうすけ）

アクセンチュア株式会社　ビジネス コンサルティング本部　コンサルティンググループ　コンサルタント

京都大学経済学部卒。国内大手鉄道会社を経てアクセンチュアに入社。大手消費財メーカーを中心に、収益構造改革、業務改革、DX推進、人事制度改革などの幅広い領域を経験。

【著者紹介】

アクセンチュア株式会社　消費財・サービス業界グループ

アクセンチュア製造・流通本部、ビジネス コンサルティング本部、ソング本部にて、消費財・サービス業界を中心とした企業へのコンサルティングを専門にするメンバー。デジタル化やグローバル化によって競争環境の劇的変化に直面する消費財・サービス企業のビジネス変革を支援するプロフェッショナル集団であり、中期経営計画策定、マーケティングや営業戦略の改革、全社構造改革／コスト削減、M&A、グローバルオペレーティングモデル構築、業務システム再構築など消費財・サービス企業の成長戦略を実現するための様々な国内外プロジェクトに携わっている。

【編著者紹介】

上原 優（うえはら・ゆう）

アクセンチュア株式会社　ビジネス コンサルティング本部
コンサルティンググループ　マネジング・ディレクター

東京大学文学部卒。大手消費財メーカー・小売チェーンを中心に、中長期戦略立案、全社事業構造改革、M&A、新規事業開発、営業改革、調達機能強化、デジタル・ソーシャルテクノロジー活用など幅広く支援。クライアントとの合弁会社における執行役員CSOを務めるなどハンズオン型の支援を多数経験。都内国立・私立大学でのセミナーなど社外での活動にも注力。

外資系コンサルのリサーチ技法（第2版）
事象を観察し本質を見抜くスキル

2023年 4 月 6 日　第 1 刷発行
2024年 6 月25日　第 3 刷発行

著　者――アクセンチュア 消費財・サービス業界グループ
編著者――上原　優
発行者――田北浩章
発行所――東洋経済新報社
〒103-8345　東京都中央区日本橋本石町 1-2-1
電話＝東洋経済コールセンター 03(6386)1040
https://toyokeizai.net/

装丁・本文デザイン……dig
印　刷…………………図書印刷
編集担当………………齋藤宏軌
Printed in Japan　　　ISBN 978-4-492-55816-4